Tachibana
Shinsyo
TS

よく分かる
霊界常識

東州イグアナ
又の名を 深見東州

たちばな出版

本書は、平成十年十二月に弊社より発刊された、
『よく分かる霊界常識』を再編集したものです。
「まえがき」は、原著のまま収録しました。

まえがき

私はかれこれ十三年以上、ラジオ番組のパーソナリティをつとめています。

各界の第一線で活躍中のゲストの方をお招きしてお話しするのも楽しいですし、リスナーの方からの悩みやご相談にお答えすることで、少しでも皆さんのお役に立てることも嬉しい。

一九八五年の「今夜もウェルカム」（六カ月）から始まって、「ハートのプラネタリウム」（三年間）、「SEIZAN KENZAN」（一年半）、「オーバーヘッドカムRADIO」（二年間）、そして今でも続いているFM番組「さわやかTHIS WAY」（一九九〇年から始まって、間もなく九年目になる現在も放送中）にいたるまで、その思いは変わっていません。

私は「ハートのプラネタリウム」や「SEIZAN KENZAN」などの番組の中で、リスナーの方からの悩みや疑問にお答えしながら、今の人たちは、悩みの主な原因となっている霊の存在や霊界について、あまり正しい知識をもっていないことに気がつきました。しかし、正しい霊界知識を教えてくれる場は非常に少ないので、無理のないことだと思います。

そこで、私は実践的霊界研究家として、自分の知り得た霊界や神界のことを、もっと多くの人に知っていただきたい、そしてみんなに幸せになっていただきたいと思うようになりました。特に私のラジオを聞いてくれる若い人たちが、少しでも正しい霊界知識をもち、よりよい人生を送るお手伝いをしたいと痛切に思っています。それが私の役目の一つであると考えるからです。

世の中には種々雑多な霊界知識が氾濫しており、中にはまったく正しくない、あやしいものも数多くあります。しかし、正しい霊界知識をもってそれを活用すれば、人間の進歩向上や社会の発展に寄与し、文化的な品格を高め、現実の生活や仕事にプラスになっていくものであります。またそうでないものは、誤ったものであるとも言えましょう。そして、それらを普遍的な社会性にどう適合させ、活用していくか、またそれを一人一人の人間性の向上にどう役立てていくかが私のテーマであります。ですから、一流一派にかたよらない、普遍的な宗教性や客観性、文化性を一番大切に考えています。そうしたことが、公共の器であるラジオ媒体のパーソナリティに選ばれ、通算すれば十三年間も番組を担当させていただいている理由でありましょう。

本書をお読みになって、そういうところを学ばれれば、皆さんの人生にとって非常に有意義なことではないでしょうか。

霊の存在を知らない人たちや、間違った霊界知識で悩んでいる人たちが、本書を読むことで生まれてきた意味を知り、これからの人生の指針にしていただければ、これ以上の幸せはありません。

願わくばこの本を手にとった方々が、最高の人生を送れますように。それが私の願いであり、喜びであります。

現在オンエア中のＦＭ番組「さわやか THIS WAY」は、霊界の話題とはあまり関係なく、芸術・芸能の分野の一流の方々をゲストに迎え、日本文化や世界の文化に関する対談が中心になっています。しかし芸術とは、最高の心の世界であり、いわば最高の霊界といえるものでありましょう。また今後も機会を作って、皆さんの疑問や悩みにお答えしていきたいと思っております。ぜひ一度、私の番組をお聞きください。

本書は、これまでラジオでお話ししたことを中心に、解りやすくまとめさせていただいたものです。最後になりましたが、当時一緒にラジオ番組をつくってくださったスタッフの方々に、この場を借りて改めてお礼を申し上げます。

東州イグアナ
（又の名を深見東州）

よく分かる霊界常識 —— もくじ

十

霊《れい》・霊界《れいかい》・後光《ごこう》について

十一

現実的恋愛《げんじつてきれんあい》アドバイス……137

十二

よろず相談《そうだん》　Q&A……153

一

霊能力《れいのうりょく》・超能力《ちょうのうりょく》はどうしたらつくか

霊《れい》能力《のうりょく》をつける方法

Q 深見先生のように霊能力をつけるにはどうしたらよいでしょうか。もし生まれつきのものでしたら、いったいどんな人が霊能力が強いのでしょうか。

——（愛知県岡崎市　H・M／男）

深見●私はいかにして霊能力①が磨かれてきたか、そのプロセスを説明するのが一番わかりやすいと思います。私の場合は幼《おさな》いころから人よりも霊感《れいかん》が強かったのですが、自分に霊能力があるということを本当に自覚《じかく》し始めたのは高校生のころで、それは人のためによかれと祈《いの》る心が極《きわ》まった時に強く発揮《はっき》されるものでした。守護霊様《しゅごれいさま》②がついてくださっているということをハッキリと自覚し、

「神様《かみさま》、なんとかこの人が幸せになりますように、なんとかよくなりますように」

と、人のためによかれと祈る心を継続《けいぞく》していくと、「直感《ちょっかん》」が出てきます。そしてその直感は、日々の積み重ねの中で次第にステップアップしていって、やがて霊能力に昇華《しょうか》するのです。

具体的《ぐたいてき》な例をあげて説明しましょう。

たとえば、会社経営者のAさん。このA社長は、私が著書《ちょしょ》のなかでくり返し書いているように、「我よりも、人様《ひとさま》によかれ」と考える人で、たえず社員の幸せを祈り、「お客様もわが社《しゃ》もよかれ」という気持ちで真剣勝負《しんけんしょうぶ》の毎日を送っています。

そんなある日のことです。A社長が、遊びに来た知人と世間話をしながら束《たば》になった稟議書《りんぎしょ》や伝票《でんぴょう》にOKの印鑑《いんかん》をポンポン押していると、ある伝票のところで、ふと手が止まってしまいました。特に理由はありません。手が勝手に止まってしまったのです。何となく気になったので、部下を呼んでこの伝票について訊《たず》ねてみると、

「実は、これには問題がありまして……」

なんと、A社長は何百枚もの伝票の中から、問題のあるたった一枚の伝票を、

瞬時《しゅんじ》に、それも無意識《むいしき》のうちに見抜《みぬ》いたわけです。

このように、仕事に打ち込み、真剣《しんけん》な日々を送っている人というのは、多かれ少なかれ、良い意味での霊感《れいかん》（直感《ちょっかん》）を持っています。そしてこの霊感は、守護霊様のご加護《かご》を信じ、「人様によかれ」という〝想い〟をたえず真剣に持ち、その想いを日常生活のなかで極《きわ》めていくことによって、霊能力へとステップアップしていくのです。

ただし、気をつけなければならないのは、霊感には正しいものと邪悪《じゃあく》なものがあるということです。邪悪な霊感とは、低級霊《ていきゅうれい》や邪霊《じゃれい》、お稲荷《いなり》さん③や蛇《へび》④などの動物霊《どうぶつれい》が与える霊能力のことで、これは究極的《きゅうきょくてき》にはその人を不幸にする霊感です。霊能力を身につけたいと意識《いしき》し過《す》ぎると、邪悪な霊たちが、

「ハハーン、霊能力が欲しいんだな」

と思って、ポンと憑依《ひょうい》⑤することがあるので注意してください。

私が最初に申し上げたように、人様によかれと一生懸命《いっしょうけんめい》に祈る日々の生活のなかで出てくる研《と》ぎ澄《す》まされた直感——この霊感こそが善《ぜん》であり、人を本当に幸せにする霊能力なのです。霊能力を身につけたいと思うのなら、正しい霊能力を

めざしていただきたいと思います。

なお、生まれつき霊能力のある人というのは、前世《ぜんせ》において霊的《れいてき》な信仰《しんこう》を持っていたり、神様と交流《こうりゅう》することができた人です。その当時の霊的《れいてき》な感性が、素《そ》質《しつ》として現世《げんせい》に引《ひ》き継《つ》がれているのです。

《用語解説》

①**霊能力**《れいのうりょく》……一般に霊能力、神通力《じんつうりき》といわれるものは大きくわけると六種類（天眼《てんがん》・天耳《てんに》・自他《じた》・神足《じんそく》・宿命《しゅくめい》・漏尽《ろじん》）あり、これらを六大神通力《ろくだいじんつうりき》と言う（神足通力のかわりに運命通力を入れる場合もある）。この他にも霊言《れいげん》、言霊《ことだま》（言葉に内在《ないざい》する霊力）、自動書記《じどうしょき》（筆記用具《ひっきようぐ》を持つ手が勝手に動いて、神界《しんかい》からのメッセージを文字で表す）、物品《ぶっぴん》引《ひ》き寄《よ》せ等の霊能力がある。また、霊能力には正《せい》（正神界《せいしんかい》）と邪《じゃ》（邪神界《じゃしんかい》）の二種類があるのだが、正邪《せいじゃ》の区別をしないで、単純に信じたり、あこがれたりすると、知らず知らずのうちに大きな過《あやま》ちを犯してしまうので要注意。ちなみに正邪を区別することを「審神《さにわ》」と言う。

②**守護霊**《しゅごれい》……背後霊団《はいごれいだん》のリーダー。本人が天命《てんめい》にそって生きるように霊界から善導《ぜんどう》し、その人の魂《たましい》（「御魂《みたま》」とも言う）の成長を第一として教育指導《きょういくしどう》する尊《とうと》い存在である。一般的に、十代以上前の霊格《れいかく》の高い先祖霊《せんぞれい》が守護霊になる。霊格が高いとは、生前《せいぜん》、修行《しゅぎょう》を積《つ》んで学問《がくもん》

を修《おさ》め、道を極《きわ》めて徳《とく》を養《やしな》い、死後、霊界の高いところにいるという意味。守護霊は、本人が成長するにしたがって、通常、一生のうちに三回くらい交替する。また、守護霊団は一般人で十人〜十五人、多い人で五十人〜百人くらいで守ってくれている。

③お稲荷《いなり》さん……稲荷狐《いなりぎつね》の意。本来、稲荷狐は、五穀豊穣《ごこくほうじょう》をつかさどる神様の使者であったが、人間の心に邪念《じゃねん》が多いため、本来の使命を忘れて人間に悪さをする〝ハグレ狐《ぎつね》〟と化してしまったのである。そうした〝ハグレ狐〟でも、信仰している間は、商売繁盛《しょうばいはんじょう》、家内安全《かないあんぜん》などの現世利益《げんせりやく》をもたらしてくれるが、崇敬《すうけい》しなくなるとたちまち仕返《しかえ》しをして無一文《むいちもん》にまで追いやり、ひどい場合は七代たたるとも言われている。

また、死んで霊界に行った人間霊《にんげんれい》が狐の姿になっているものも多い。現世利益だけを求めて稲荷信仰《いなりしんこう》をしていると、死後、狐の姿になってしまうのである。これが先祖霊稲荷《せんぞれいいなり》である。そしてこの先祖霊稲荷は子孫《しそん》たちに憑《つ》いて霊流《れいりゅう》を送るので、その子孫たちも狐のような性格を形成しやすくなる。ご先祖のなかに、生前、稲荷信仰をしていた人があれば、人霊狐《じんれいぎつね》になっている可能性がある。

④蛇《へび》……蛇の霊が憑《つ》くと、〝夢のお告《つ》げ〟を受けるようになる。ある瞬間にパッと見えたというのではなく、白日夢《はくじつむ》のように常に見えているという人は、蛇が憑いている場合が多い。霊界における蛇は、一般の人が考えているほど単純なものではなく、その種類も狐や狸にくらべてはるかに多く、①動物の蛇、②人霊怨念霊蛇《じんれいおんねんれいへび》、③人霊怨念合体蛇《じんれいおんねんがったいへび》、④生霊怨念蛇《いきりょうおんねんへび》、⑤生《いき》

霊《りょう》強烈《きょうれつ》慕情蛇《ぼじょうへび》、⑥先祖霊蛇《せんぞれいへび》、⑦神罰《しんばつ》の蛇、⑧仏罰《ぶつばつ》の蛇、⑨水蛇《すいだ》、⑩海蛇《うみへび》、⑪ヨガ蛇、⑫白《しろ》魔術《まじゅつ》系の白金猛蛇《はっきんもうだ》、⑬黒魔術《くろまじゅつ》系の黒猛蛇《こくもうだ》、⑭本人の情欲過剰蛇《じょうよくかじょうへび》——の十四種類がある（①は動物霊、②〜⑥は人霊が蛇の姿になっているもの、⑦⑧は人霊ではなく、神の眷属《けんぞく》としての蛇、⑨〜⑭は実際に霊界にいる特殊な蛇）。これら十四種類の蛇は、霊界ではみな同じ姿をしているので、外見だけで判断すると失敗する。霊視《れいし》だけをする霊能者《れいのうしゃ》は、特に危険である。

一般的特徴としては、①進歩向上《しんぽこうじょう》しない、②絶えず低いところ低いところへ逃《のが》れようとする、③苦難《くなん》に遭遇《そうぐう》すると、精進努力《しょうじんどりょく》してそれを乗り越えようとするのではなく、横にヌルリと逃れようとする、④ネクラで、悪いほうへ悪いほうへと考える、⑤性格が陰湿《いんしつ》でいつもグチを言う、などがあげられる（六大神通力や動物霊などについて詳しく知りたい方は、『神界《しんかい》からの神通力《じんつうりき》』（深見東州著／たちばな出版刊）をご参照ください）。

⑤憑依《ひょうい》……人間が、神や精霊《せいれい》、悪魔《あくま》などの超自然的《ちょうしぜんてき》な存在（霊）の侵入を受けて、その肉体を一時的に明け渡すこと。霊が乗り移った状態になり、その霊の言葉と称《しょう》するものをしゃべったり、それらしき動作をしたりする。憑依するのは、通常は死者の霊だが、生霊《いきりょう》（生きている人間の霊）や、狐、神木《しんぼく》などの動植物霊、まれには刀剣《とうけん》や各種の宝物《ほうもつ》などの霊もある。憑依された人間は、意識がはっきりしている場合と、その間の記憶が失われている場合とがある。

幼少《ようしょう》のころにはピタリと当たった直感力《ちょっかんりょく》が、大人になって鈍《にぶ》くなったのですが……。

Q

子供のころ、誰かが家に来るのを前もって当てたりして、「不思議《ふしぎ》な子だ」とよく言われましたが、いまはそうした能力はまったくありません。予知《よち》能力《のうりょく》とか霊感《れいかん》というのは年齢や経験によって度合《どあ》いが違ってくるのでしょうか。

――(埼玉県川越市　K・Y／女)

深見●実は、直感がよく当たる年代というのがあるのです。私の場合も、物心《ものごころ》ついたころから直感力や霊感、予知能力があっただけでなく、小さいころはあの世とこの世の区別さえもつかなかったものです。

さて、ご質問についてですが、予知能力や霊感は、ある年代から徐々《じょじょ》に退化《たいか》していくことが発達心理学《はったつしんりがく》から説明できます。子供は小学生の三、四年のころから抽象概念《ちゅうしょうがいねん》①が発達してくるので、それと歩調《ほちょう》を合わせるようにして、学校では割り算、分数といった勉強を教え始めます。つまり、この年代から「この世の世界」を認識する能力が発達するということなのです。

ところが、「この世の能力」が発達するということは、逆に言えば、人間が生まれながらに持っている「あの世」と交信《こうしん》する霊能力といったものが次第に押し込められ、鈍くなっていくことでもあります。だから、成長するにつれて直感力が徐々に鈍くなって、ごく普通のレベルになってしまうという例は多いのです。

《用語解説》

①**抽象概念《ちゅうしょうがいねん》**……物事の属性《ぞくせい》(例えば大小《だいしょう》・長短《ちょうたん》)や、直接知覚《ちかく》できない事物(たとえば正義《せいぎ》・平和《へいわ》)の概念《がいねん》などのこと。

霊能力と神力《しんりき》の違いは？

Q 霊能力と神力の違いについて教えてください。

―（兵庫県　Y・I／女）

深見●簡単に言いますと、霊がその人について与えている能力が霊能力で、神様がついて与えている力が神力です。神様は神界《しんかい》に、霊は霊界《れいかい》①にいます。神界にいるということは、文化的《ぶんかてき》にも哲学的《てつがくてき》にも芸術的《げいじゅってき》にも非常に質の高い高度な内容を持っているということですから、世のなかをよくしようとか、芸術的に立派な人物になりたいとか、自分を宗教的に磨かれた人格にしたいといったように、向《こう》上心《じょうしん》や上昇志向《じょうしょうしこう》のある人は神力に近いものを持っています。

これに対して、霊能力は四次元霊界《よじげんれいかい》に降りてきていますから、この人とこの人がああなるとか、お金をこうすればこうなるとか、あるいは失《う》せ物《もの》を見つけるとか、要するに身の回りに近いことを予知することができます。哲学的、宗教的、文化的にそれほど高いとは言えませんが、現実界《げんじつかい》に即応《そくおう》した能力と言えるでしょう。

《用語解説》

①**霊界《れいかい》**……霊界の構造は、大きく分けて、下から地獄界《じごくかい》、中有《ちゅうゆう》霊界（幽界《ゆうかい》）、天国界の三層になっている。地獄界には灼熱《しゃくねつ》地獄、釜《かま》ゆで地獄、血《ち》の池《いけ》地獄などがあり、さらに地獄界は第一地獄、第二地獄、第三地獄の三段階がある。中有霊界は、現実生活で言えば中流階級《ちゅうりゅうかいきゅう》の人たちが住むところで、生前、とりたてて悪いことはしなかったが、良いこともしなかったという人が行く霊界。生前の行いによって上中下の三段階がある。天国界も第一天国、第二天国、第三天国の三つに大きく分かれ、第三天国は世のため人のために尽くした人、第二天国は信仰の道を至純《しじゅん》にまっとうした人、第一天国は、人間界最高の霊界で、信仰心篤《しんこうしんあつ》く、しかも地位や名誉や財産を持った人が行く。そして、これら天国界のさらに上には、より高い世界や神々様のいる神界がある。

神《じん》通《つう》力《りき》とは？

Q 神通力とはなんでしょうか。

──（大阪市　K・T／男）

深見●これについては、拙著『神界《しんかい》からの神通力《じんつうりき》』（たちばな出版刊）のなかで、《六大神通力《ろくだいじんつうりき》》と題してくわしく説明してありますが、それは次のようなものです。

一、天眼通力《てんがんつうりき》　未来が見えたり、霊界が見えること。

二、天耳通力《てんにつうりき》　神様の声や人の聞こえないものが聞こえること。

三、自他通力《じたつうりき》　相手の思っていることが瞬時にわかってしまう力。

四、宿命通力《しゅくめいつうりき》　前世のどういった因縁《いんねん》や宿命《しゅくめい》で、今世、生まれてきたのかがわかる力。

五、神足通力《じんそくつうりき》　テレポーテーション①のことで、たとえば、お釈迦様②が生きてい

六、漏尽《ろじん》通力　らした時代のバラモン行者が水の上を歩いたりするような力。
「漏《ろ》」は漏《も》れる、「尽《じん》」は尽《つ》くすで、漏《も》れなく尽《つ》くすという意味で、人の悩み、葛藤《かっとう》、苦しみといった煩悩③を解決していく力。

以上、六つの神通力を「六大神通力」と言いますが、このなかでお釈迦様が特に勧《すす》めているのが、六番目の《漏尽通力》です。なぜなら人間の悩み、葛藤、苦しみを解決する能力こそ、人を幸せにする通力だからです。いくら未来や霊界のことが見えても、あるいは神様のおっしゃることが聞こえても、それが人間の幸せにつながらなければ意味がありません。

故《ゆえ》に、

「すべての通力は《漏尽通力》に帰結《きけつ》しなければならない」

ということになります。

まず人を幸せにしているかどうか——これを見ていけば、正しい神通力《じんつうりき》かどうかがわかるわけです。

《用語解説》

①**テレポーテーション**……人間や動物が、長距離間を一瞬のうちに移動する現象。瞬間移動《しゅんかんいどう》（瞬間遠隔《えんかく》移動）とも言う。アメリカの怪奇現象研究家《かいきげんしょうけんきゅうか》チャールズ・フォートの造語《ぞうご》。

②**お釈迦様《しゃかさま》**……仏教の開祖《かいそ》で、約二五〇〇年前にインド（ネパールという説もある）で生まれる。姓をゴータマ、名をシッダッタと言う。釈迦という呼び名は、その出身である釈迦族からとったもの。悟りを開いてからは「仏陀《ぶっだ》」、また〝釈迦族の聖者〟という意味をもつ「釈《しゃ》迦牟尼世尊《かむにせそん》」（略して世尊）と呼ばれるようになる。

③**煩悩《ぼんのう》**……心を悩まし、身を煩《わずら》わす心の作用。悟りを妨げるすべての精神作用。喜怒哀楽《きどあいらく》、欲望、見栄《みえ》、自我《じが》など、全部で百八つあるとされる。除夜の鐘を百八回突くのは、煩悩消除《ぼんのうしょうじょ》の意味がある。

他人と視線が合うのですが……。

Q

街《まち》を歩いていて、ふと横を見ると、知らない人がこっちを見ていたり、電車で向かい合わせに座っている人に何かの拍子《ひょうし》で目をやると、向こうも私のほうを見るということがよくあります。どうしてお互いの視線がわかるのでしょうか。

――（埼玉県川越市　Y・M、二十七歳／女）

深見●こうした経験は、おそらくどなたもあると思いますが、このように、お互いの〝ハッとする思い〟が意識の奥で一瞬のうちに交錯《こうさく》することをテレパシー①といいます。

では、テレパシーとはいったい何でしょうか。テレパシーという言葉は知っていても、その正体となると意外に知られていないようです。テレパシーとは念②の交信力《こうしんりょく》のことです。無線機《むせんき》を思い浮かべていただければわかりますが、電波《でんぱ》を飛ばして交信《こうしん》するには、バッテリーなどのエネルギーが必要です。テレパシーもそれと同じで、テレパシーの強い人というのは、念力《ねんりき》というエネルギーを持っている人なのです。したがって、何かを感じてお互いの視線が合ったという経験のある人は、パワーの大小は別として、そういう念力を持っていると考えていいでしょう。

ところで、視線と言えば、「蛇に睨《にら》まれたカエル」という言葉をみなさんご存知かと思います。足がすくんで動けなくなる状態のことを言いますが、実はこれこそ念力のなせるワザなのです。蛇の目から発する念力――すなわち強力なテレパシーがカエルをクギづけにしてしまうのです。

これと同じことがスポーツ選手にも言えます。たとえば相撲《すもう》。お互いがすごい目で睨《にら》み合って、

「絶対、勝つぞ！」

と目をギラギラさせ、闘志《とうし》を剥《む》き出しにしています。

実は、ここが勝負どころなのです。どっちが相手の気を呑《の》み込むか、すなわちヘビになるかカエルになるか――。念力の強いほうがヘビになって勝つのです。

このことは相撲に限らず、剣道、卓球、テニス、野球、サッカーなど、あらゆるスポーツに言えることです。

日本人は外国人にくらべて勝負に弱いと言われます。ことにトーナメントで競《せ》り上がっていく試合にはモロい。その原因として、食生活や体格、体力のことがよく指摘されます。もちろんそれもあるでしょうが、根本原因は〝粘着力《ねんちやくりよく》〟の差です。欧米人のほうが勝利に対する執念《しゆうねん》が強いのです。

「何がなんでも勝つんだ！」

という執念が強烈《きようれつ》な念力となって、相手をすくませ、呑み込んでしまうのです。

これに対して日本人は、よく言えば勝負に淡泊《たんぱく》、悪く言えば勝つことへの執念が足りないということになります。勝負の世界では、実力や技術以上に念力が勝敗を左右するのです。言い換えれば、スポーツなどで鍛練《たんれん》すれば念力はどんどん強くなっていくということでもあります。念力を強くしたければ、スポーツは有効な訓練法の一つであることを覚えておくといいでしょう。

ただし、注意すべきは、正しい念力、いい想いの念力であることです。たとえば「人を殺すぞ！」という念は怨念霊《おんねんれい》③になって不幸を招きます。反対に「どうか幸せになってください」と、相手のことをよかれと想う正しい念を持つと、まわりにはいつも幸福がやって来ます。その人はもちろん、その人のそばにいるだけで、良いことばかりが次々に起こってくるのです。

以上のことから、試合や受験《じゅけん》、商談《しょうだん》、恋愛《れんあい》など、ここ一番の大事なときに実力以上のものを発揮しようとするなら、

「やるぞ！」

「絶対こうするんだ！」

という意気込みを、スポーツや勉強など、普段の生活のなかで、集中力として活かすことです。なぜなら、この集中力によって、正しい念は絶えず強化され、念力はよりパワーを増すからです。これが、ここ一番に臨《のぞ》んで勝利する秘訣《ひけつ》なのです。

《用語解説》

①**テレパシー**……人間の心の状態や思考《しこう》が、感覚器官《かんかくきかん》の媒介《ばいかい》なしに別の人間の心に直接伝わる現象を言う。遠隔《えんかく》精神反応とも言う。「想念《そうねん》伝達」という言い方にかわるものとして、イギリスの哲学者フレデリック・マイアースが一八八二年に提唱した言葉。

②**念**《ねん》……念という字は、「今」と「心」を組み合わせたものであり、今の心――すなわち〝想い〟のこと。人間は、念の波動《はどう》が霊と通《かよ》い合うときに、霊の影響を受ける。暗い念に同調《どうちょう》すれば、その人は霊に引きずられるように暗い世界に落ち込む。反対に強い慈悲《じひ》の念や求道《ぐどう》の念を抱き続ければ、菩薩位《ぼさつい》や如来位《にょらいい》の霊と波長《はちょう》が合い、それらの霊たちと邂逅《かいこう》することも可能である。つまり、悪霊、善霊《ぜんれい》、高級霊、低級霊のいずれの霊に関わるかは、すべてその人の念の抱《いだ》き方による。

③**怨念霊**《おんねんれい》……殺されたり、騙《だま》されたり、捨てられたりして、人や家を怨んで死んでいった霊が怨念を晴らそうとして憑依したもの。怨念霊の執着心は想像を絶するもので、何百年も怨み続けて復讐《ふくしゅう》の機会を窺《うかが》うことはざら。特に先祖に捨てられて呪《のろ》いながら自殺した女性の怨念霊や、その昔、遊廓に売られた怨念霊は強烈で、執念のあまり、蛇の姿になっているものが多い。

二

コックリさんやスプーン曲げについて

「コックリさん」はよくないのでしょうか?

パートナー●先日、福岡県のある中学校で、生徒がコックリさん[1]遊びをやったために、目が虚《うつ》ろになったり、急に泣き出す人が出て、授業を中止して帰宅させたという事件が実際に起こりました。コックリさん遊びは危険なんでしょうか。

深見●たいへん危険です。その理由は、「コックリ」の意味を理解すればわかります。「コ」は狐《きつね》、「ク」は天狗《てんぐ》、「リ」は狸《たぬき》の霊なのです。そして「コックリさん、コックリさん」と呼びかける人の心は、①怖《こわ》い物見たさ、②興味、③未来を知って楽をしたいという無精《ぶしよう》する心——つまり決して正神界の神様に感応[2]する心ではないため、動物霊《どうぶつれい》[3]の低いものしか来ないのです。したがって、最初の一回くらいは守護霊が出てきて少しくらい当たったとしても、二つめからは全部邪霊が来ているのです。だから「コックリさん」は、ふざけ半分であっても絶対にしてはならないのです。

「コックリさん」のお告げに興味を持ってしたがうと、その霊の流れ(霊流《れいりゆう》)

＊パートナー　ラジオ番組のトークのお相手

を受けてしまいます。天照大御神《あまてらすおおみかみ》④や守護霊を信じてしたがっているときには、光明《こうみょう》や、高級霊のすがすがしい霊気が流れて来ますが、動物霊のような低い霊にしたがうと、そのしたがった霊の気をもらってしまうので、福岡の中学校で起こった事件のように、目が虚《うつ》ろになったり、おかしくなったり、泣き出したりすることになるわけです。

もっとわかりやすく言うと、低級で悪い霊が、霊体《れいたい》のなかにスポッと入って占領してしまうわけです。良い霊に占領されるぶんには幸せになりますが、低級で悪い霊に占領されると、みんな不幸になっていく。だから「コックリさん」はやめたほうがいいというわけです。

《用語解説》

①**コックリさん**……棒を三つ又《また》に組んで縛《しば》り、お盆《ぼん》を乗せたものに、数人が手を置いてお呪《まじな》いを唱《とな》えると、それが勝手に動き出して、棒が床を打つ回数によって質問に応えるというもの。明治時代に、西洋のテーブル・ターニング（テーブルの回転。数人の人々が円形のテーブルに手や指を置いていると、テーブルが揺れ始めるという現象）が変型して伝えられたら

しく、明治二十年代に大流行した。後に文字を書いた紙の上に硬貨を乗せて、ウィジャ板のような形で行うようになった。

②**感応**《かんのう》……信心《しんじん》の心が神仏《しんぶつ》に通じること。

③**動物霊**《どうぶつれい》……動物の霊を意味する。人間を惑《まど》わす狐、狸、蛇などは、動物霊ではなく人霊《じんれい》の化けたもの。一般的に動物霊はたたりをしないが、大量に殺生した場合、動物霊が蓄積《ちくせき》されて合体し、大きくて強力な霊障《れいしょう》となってたたるわけである。またペットが死んだ場合、いつまでも飼い主が想い続けると、その霊は本人や家族の身体に憑《つ》いて、軽度の霊障《れいしょう》を引き起こすことがある。

④**天照大御神**《あまてらすおおみかみ》……伊邪那岐《いざなぎ》、伊邪那美《いざなみ》二神《にしん》の間に生まれた三貴子《さんきし》の第一子で、日の神、皇室《こうしつ》の始祖《しそ》とされる。

スプーン曲げ、幽体離脱《ゆうたいりだつ》などの超能力《ちょうのうりょく》はよいのでしょうか？

Q

世のなかにはスプーン曲げや、幽体離脱《ゆうたいりだつ》など①、超能力を持った人がいますが、そうした能力は生まれつきのものでしょうか。それとも、訓練によって身につくものでしょうか。もし超能力を持つことができるとしたらどんな努力が必要でしょうか。

——（東京都大田区　S・T、十七歳／女）

深見●生まれつきの人と、後になって身につける人の二つのタイプがありますが、後者はさらに「自力《じりき》」と「他力《たりき》」に分かれます。

まず「自力」は、ひとことで言うと、念力、想念《そうねん》の力です。たとえば京都の大《だい》覚寺《かくじ》の管長《かんちょう》は、半紙に「ウワーッ！」と気合をかけると、『大覚《だいかく》』という漢字が半紙に浮かび上がってくる。いわゆる念書《ねんしょ》と言われるもので、これは半紙の上に

それがあると信じ、ありありとイメージを浮かべながら、

「そうなるんだ」

と、確信することによって起こる念力です。

この念力によって、文字が出たり、何もないところから火が出たり、スプーンを曲げたりするわけです。このように念力が具体的な現象として顕《あらわ》れることを、仏教では唯識論《ゆいしきろん》②とか瑜伽論《ゆがろん》③と言いますが、これらは超能力のひとつの原則になる仏教《ぶっきょう》論理《ろんり》として知られています。

したがって、

「人よ幸せであれ」

と願う善の強烈な念力であれば、その人のそばに行くとみんなが幸せになる。すべてがよくなるのです。「自力」――すなわち、みずからがそういう念を強烈に持つような修行《しゅぎょう》を積《つ》めば、善なるよき超能力、霊能力が身につくのです。

これに対して、よそから霊が来て、その力によって超能力を持つことを「他《た》力《りき》」と言います。自分の想いとはいっさい関係なく、突然、何かの霊がポッと憑《ひょう》霊《れい》して急に念力が強くなるわけですが、スプーンを曲げたり幽体離脱したり、お

どろおどろしいものや人を不幸にするものは、悪霊による他力です。これは凶《きょう》党霊団《とうれいだん》と言って、人を驚かす人霊の幽霊のことです。また凶党霊団のほか、天狗《てんぐ》や稲荷《いなり》狐の霊などが憑《つ》くことがあるので注意が必要です。何の修行もしてこなかった人が、突然、超能力を発揮したりすることがありますが、この場合の超能力には善と悪があることを忘れないでください。

そこで大事なことは、「他力」も「自力」と同様、人を幸せにする他力でなければならないということです。

「あの人と話をすると、何となく金運《きんうん》が出てくる」
「あの人のそばにいると、何か幸せな気分になる」
「あの人といっしょにいると、良いアイデアがどんどん浮かんでくる」

みんなをハッピーにする人間というのは、他力で突然出てくる超能力であっても、やはりいい霊が来ているわけです。

では、どういうときに良い霊が来て、どういうときに悪い霊が来るのかと言えば、実は約束事があるのです。それは、「良い霊は、愛と真心《まごころ》をもって努力をしている人につく」ということです。人間としての努力を継続し、いつも愛と真心を基準にして生きている人に良い運気がやって来るのです。そして、この約束事を知って日々の生活で実践していくことが、「自力」と「他力」によって超能力や霊能力を磨いていく基本方程式なのです。

《用語解説》

①**幽体離脱**《ゆうたいりだつ》……魂《たましい》が肉体から抜け出て、死後の世界を〝旅〟して再び帰ってくること。

②**唯識論**《ゆいしきろん》……「唯識」とは、すべての存在・事象は、心の本体である「識」の働きによって仮《かり》に現れたものであるとし、法相宗《ほうそうしゅう》の根本聖典《こんぽんせいてん》になっている、インドの高僧・世親《せしん》が著《あらわ》した『唯我《ゆいが》三十三頌《しょう》』に関するインドの護法《ごほう》ら一派の学僧の註釈《ちゅうしゃく》を、唐の玄奘《げんじょう》が漢訳《かんやく》したもの。

③**瑜伽論**《ゆがろん》……ヨガのことで、「瑜伽」は梵語《ぼんご》の音訳《おんやく》。「結びつける」の意味で「相応」と訳す。想いを鎮《しず》め、心を整えて正理《せいり》に相応《そうおう》させた状態。呼吸を整え、心を統一し瞑想世界《めいそうせかい》に入って、主観《しゅかん》と客観《きゃっかん》が不二《ふじ》の境地《きょうち》になること。またその修行法《しゅぎょうほう》。

神通力、霊能力をつける訓練は?

パートナー●未来を予知したり、守護霊を見極《みきわ》める正しい霊能力や神通力を身につけるには、日ごろからどんな訓練をすればいいのでしょうか?

深見●私の場合は、特別な訓練は必要ありません。日常生活のなかで自分を無くし、相手のためを思って真心《まごころ》になりきること――これだけです。自分を無くしたぶんだけ、目に見えない、素晴らしい霊的存在が出てくるのです。反対に、自分というものが在《あ》ればあるほど――これを自我《じが》と言いますが――霊は出にくいのです。私はこうした訓練を日常生活のあらゆる場で実践していますから、瞑想《めいそう》したり、お祈りをしたり、お経《きょう》をあげるといったことをしなくても、必要に応じて日常と非日常の世界を、瞬時に行き来できるのです。

ただし、ここで重要なことは、人を思いやると言っても、ただ思いやるだけではだめです。その人になりきって、祈り切ることが大切なのです。なぜなら、そうすることによって、初めて自分というものが無くなるからです。自分を無くそうと努力しても、自我が邪魔《じやま》をします。だから、相手のことを心から思い、真心になりきるのです。そういう自分をつくることで、自然に普段の自分が消えていく。それに感応《かんのう》するのが高級な守護霊であり守護神ですから、その方々がパッと教えてくださる。この積み重ねによって、霊能力は次第に向上していくのです。

三

生霊《いきりょう》はこんなに不幸を呼ぶ

私を捨てて他の女に走った彼を憎んだら、彼は入院してしまった……。これは生霊《いきりょう》でしょうか⁉

Q

同い年の男性から交際を申し込まれ、最初は嫌《いや》でしたが、何度も言われるうちに好きになり、身体《からだ》の関係を持つようになりました。ところが彼は、他に好きな人ができたと言って、一方的に別れを告げ、去って行ってしまったのです。悔しくて悔しくて彼を恨《うら》む毎日でしたが、先日聞いた噂《うわさ》によると、彼はいままで勤めていた大企業を辞《や》めて転職《てんしょく》し、しかも過労《かろう》で入院したとのことです。もしかして私の恨《うら》む心が彼の人生に影響しているのではないかと逆に心配になってきたのですが、そういうことはあるのでしょうか。

——（兵庫県　K・Y、二十二歳／女）

深見●あります。「悔しい」「残念」という想いが、K・Yさんの霊体から飛んで行って相手の身体にくっつく——こういう場合の霊を、生霊《いきりょう》①と言います。このことについては、『守護霊が動けば運命は変わる』（たちばな出版刊）といったコミックの原作でも私は書いているのですが、想いが揺《ゆ》れ動いている状態というのは、水木しげるさんの霊界漫画《れいかいまんが》で言うと、〝一反木綿《いったんもめん》〟なのです。K・Yさんの想《おも》いが飛んで行って、相手の頭の上で一反木綿のようにヒラヒラヒラヒラしているのです。

では、想いを飛ばしたK・Yさんの心はどうなっているかと言えば、魂《たましい》が欠けてしまっています。魂は水晶球の形をしているのですが、欠けた魂のぶんがエネルギーとなって相手に飛んでいくわけです。そして――ここが重要ですが――その欠けた部分に、今度は般若《はんにゃ》の面がついてしまうのです。

般若というのは鬼《おに》の顔のことですが、実はこれは自分の顔です。そして、般若の面がつくと、情緒不安定《じょうちょふあんてい》になります。些細《ささい》なことで急に怒ったり、自信を喪《そう》失《しっ》したり、落ちこんだり、精神状態が定まらずフラフラフラフラしてしまう。当然のことながら、運がいいわけはありません。

生霊を出した人は、結局、不幸になっていくのです。

「人を呪《のろ》わば穴二つ」といいますが、一つは相手が落ちる穴であり、そしてもう一つは自分が落ちる穴なのです。

では、K・Yさんはどうしたらいいかと言えば、自分自身の出した般若のような生霊を返してしまうしかない、般若を仏様の顔に変えるしかないです。そのためには、彼のことは憎いでしょうが、ここは自分の感情を抑《おさ》え、彼の幸せを祈るのです。彼の幸せを祈っているときに、自分の霊体は般若が仏様の顔になる。あるいは女神様《めがみさま》のような顔になるのです。

般若の顔――すなわち自分の顔が溶《と》けて、仏様か女神様のような顔に変わるまで、愛念《あいねん》で相手の人の幸せを祈るしかありません。般若の顔が溶け、怨念が離れていくことによって、相手も自分も幸せになることができるのです。K・Yさんもつらいと思いますが、自分を救う方法はそれしかないのです。

《用語解説》

①**生霊**《いきりょう》……死んでしまった人の霊ではなく、現在生きている人の怨《うら》み、怒り、慕情《ぼじょう》などの念が霊となっている状態を意味する。文字どおり、生きている人間の霊である。生霊《いきりょう》は、家

代々怨み抜く怨念霊と同様、多くの人に憑《つ》いていて、その人の人生に多大な影響を与えている。身体の調子が悪くなり、事故に遭《あ》いやすくなったり、特に男性から強烈に怨まれている女性が妊娠《にんしん》すると、流産《りゅうざん》につながることが多い。

私が「カッ！」となりやすい性格になったのは生霊のせい？

Q

私は最近、自分でも困るほど、短気な性格になってしまいました。車に乗っているときなどに、父や妹が言ったことを思いだし、頭にカーッと血がのぼってしようがありません。こんな状態が続くと、友達も失ってしまいそうです。どうしたらイライラや短気が治るのでしょうか。

—（三重県津市　ペンネーム「トマト」、二十五歳／女）

深見●「トマト」さん、静かに目を閉じて、過ぎた日の記憶をたどってください。

いまから二、三年前、あなたが二十二、三歳のころのことです。あなたは、ある男性を強烈に恨《うら》んだことがあるはずです。イライラしたりカーッとするのは、それが原因です。つまり怨念や怒り、憤《いきどお》りなどを受けた生霊がそうさせているのです。この生霊は前項でお話ししたように般若の顔をしていますが、生霊を出した人は情緒が不安定になり、

「もうだめなんだわ」

と物悲しくなったかと思うと、急にイライラし始めて、

「コンチキショウ！」

と激昂《げきこう》。かと思えば、再び落ち込んでしょぼんとなってしまう……。このように情緒不安定《じょうちょふあんてい》になるケースが多いのです。

では、どうすれば治るのでしょうか。まず、その当時の自分にたち返ってみてください。相手を激しく憎むのですから、それなりの理由があったはずです。思い出して、また腹が立ってきましたか？　でも、ここで気づいていただきたいのは、自分がそうであるのと同様、相手には相手の言い分があるということです。「どっちが正しいか」ではなく「双方に言い分がある」——まず、そのことに気

づくことが大切です。そこに気づけば、一方的に相手を憎むという感情は、少しは薄らぐはずです。

そして、難しいことですが、相手の幸せを祈るのです。たとえ相手を思いやる理由がなくても祈るのです。そうすれば、自分自身が出した般若のような顔をした生霊が、仏様の顔にパッと変わり、同時に情緒がスーッと安定してきます。相手を想いやる祈りは、結果として自分自身の魂《たましい》を救うことにほかならないのです。

四

守護霊《しゅごれい》
アラカルト

自分にふさわしい守護霊《しゅごれい》は、どうしたらついてもらえるでしょうか？

Q

守護霊が才能を磨きあげる手助けをしてくれると言いますが、どうやったら自分にふさわしい守護霊がついてくれるのでしょうか。

――（埼玉県所沢市　Y・S／女）

深見●実は、自分にふさわしい守護霊というのは、すでについているのです。そして、その守護霊が自分にふさわしいかどうかは、自分で判断するのではなく、守護霊の奥にいる守護神《しゅごじん》の判断によります。

「この守護霊は、この子にふさわしい」

と守護神が判断するから、その守護霊がついているのです。

ただし、自分にふさわしい守護霊がすでについているというのはあくまで基本で、守護霊の交替がなされる場合があります。何かを「発願《ほつがん》」した場合がそれで、たとえば「私は歌手になりたい」とか、「どうしてもこの道に進みたい」と強く願いを発し、実際に行動に移し、努力し、その努力を最低三年間継続したなら、それまでついていた守護霊が、発願の方向にふさわしい守護霊と交替するのです。「石の上にも三年」ということわざがありますが、この「三年」にはちゃんと意味があるのです。発願したら石にかじりついてでも三年間は頑張ることが大切です。

守護霊が交替するときはどんなとき？（三つの秘訣《ひけつ》）

Q

深見先生は守護霊は交替するとおっしゃいますが、いったいどんなきっかけで守護霊が替わるのでしょうか。また、一生の間には何回くらい守護霊の交替があるのでしょうか。

――（埼玉県　H・S）

深見●守護霊が交替する回数は決まっていませんが、一生のうち、だいたい四、五回くらいと思ってください。最低でも三回くらいは替わります。では、どういうときに守護霊が替わるかというと、次の三つの場合があります。

一、自然交替《しぜんこうたい》

読んで字のごとく、守護霊がいつのまにか自然に交替している場合です。人間は生まれた時点で、すでに人生のスケジュールは六割〜七割が決まっています。△□歳のときにこうなり、□○歳でこうなると、人生の節々《ふしぶし》で何が起きるか決まっているのです。それを知っているのが守護神や産土神《うぶすながみ》①で、その節々に応じ、自分がそうと知らないうちに自然に守護霊が交替し、新しい環境に対応できるようになっているのです。

二、環境が激変《げきへん》したとき

たとえば学校を転校したとか、両親が離婚したとか、海外に転居《てんきょ》したとか、環境が一変すると、それに何とか適応《てきおう》しようと、みなさんは必死で頑張《がんば》るはずです。そういうときに守護霊がパッと交替《こうたい》して、新しい環境に馴染《なじ》んで乗り越えていけるよう後押《あとお》ししてくださいます。自然交替の時期と一致する場合が多いのですが、必ずしもそうでない場合もあります。

三、本人の 志《こころざし》 が決定《けつじょう》したとき

志を抱き、実現に向けて具体的な行動を起こしたときにパッと守護霊が替わります。「自分は音楽家として生きるんだ」「ニュースキャスターになるんだ」「学者になるんだ」「政治家になって国政《こくせい》を動かすんだ」……。志は何でもかまいません。将来の方向性とビジョンをしっかりと決めたとき、その志を叶《かな》えてあげようと、守護霊が交替するのです。

以上の三つが守護霊が交替する一般的なケースですが、では守護霊の交替があったら、何がどうなるのでしょう。たとえば三番目の「本人の志が決定したとき」は、指導霊に替わる場合が多く、新しく守護霊となった指導霊《しどうれい》は〝水先《みずさき》案内人〟として志を実現するための才能と縁《えん》と可能性を導いてくださるのです。

もう少し具体的に説明しましょう。

たとえば、あなたの現在の守護霊が禅宗《ぜんしゅう》の僧侶《そうりょ》だとします。そして、あなた

がピアニストになることを固く決意し、それを指導霊が知ると、禅坊主《ぜんぼうず》である守護霊に向かって、

「守護霊さん、守護霊さん。将来、彼女はピアニストになると言っていますから、ピアノを弾く上で必要な閃《ひらめ》きとか発想とか、いい先生との出会いなどを導いてください」

するとか守護霊である禅坊主《ぜんぼうず》が、

「ちょっと待ってください」

と、一休さんのような頭をピカピカ光らせながら、思案します。守護霊とはいえ、禅坊主ですからピアノは畑違《はたけちが》いなわけで、頭をめぐらせたすえ、

「そう言えば、ご先祖のなかで音楽関係にくわしい人がいますから、ちょっと待っていてください」

と言って霊界に行き、ピアノに関して専門的な力を与えてくれるご先祖を連れて帰ってきて、練習のときは守護霊が交替するというわけです。

もし、ついている守護霊が低級な人であったなら、志《こころざし》を抱いたときに守護霊の座を交替しないで、「自分が導く」と言い張りますが、高級な守護霊は、たと

え自分にその力があっても、

「あっ、そのことがらに関しては、より素晴らしい人を知っています。ご紹介しますから、その人に頼んだほうがいいですよ」

と、謙虚《けんきょ》に交替し、新しい守護霊に取り次いでくださいます。守護霊の交替には、こういうケースもあるのです。

そして、何より大切なのは、守護霊の交替を信じることです。

「もし、自分の選んだ職業や夢を実現するのに、いまの守護霊で不十分であるなら、指導霊様のご指示で、きっと素晴らしい守護霊と交替してくれるんだ」

と信じきることです。

ためしに、夜、トイレでもお風呂でもいいので、このセリフをブツブツブツブツ唱えてみましょう。そうすれば、閃《ひらめ》きがもっと強くなるはずです。

《用語解説》

①**産土神《うぶすながみ》**……産土《うぶすな》とは、先祖伝来もしくは自分の出生地のことで、産土神は、産土（自分の

生まれた土地）を守る神様。産土神をお祀りした神社を産土神社と言う。出生地の鎮守神《ちんじゅしん》を生まれながらの守護神として崇敬《すうけい》することを産土信仰《うぶすなしんこう》と言う。しかし、神霊的には、いま住んでいる地域を守る産土神を大切にし、危急の場合には出生地の産土神へも真剣にお参りするのがよい。これが正しい産土信仰である。

守護霊と悪霊《あくりょう》——守護霊が動くとき、動かないとき——

Q 深見先生は、誰にも守護霊様がいて守ってくださるとおっしゃっていますが、守護霊様の愛も悪霊に負けてしまうことがあるのでしょうか。

——（大阪府吹田市　匿名希望、高校三年生／女）

深見●守護霊を語る場合、次の三つのことを念頭に置く必要があります。

一、霊界は、守護霊と悪霊が陰陽《いんよう》になっている。

二、守護霊も霊界の掟《おきて》にしたがっている。
三、守護霊は因果《いんが》の法則《ほうそく》①のレールに乗っている。

まず第一番目の、「守護霊と悪霊が陰陽になっている」という意味は、霊界には守護霊もいますが、悪霊もそれに負けないくらい存在しているということです。霊界は、守護霊と悪霊とが陰陽になって構成されているのです。したがって守護霊を味方につけてどんどん開運《かいうん》していくか、それとも悪霊に憑《つ》かれてどんどん運が悪くなっていくかは、本人の人格と、日々の想念、想いによります。

守護霊に強く守られる人は、人生に前向きで、発展的で、性格が明るく、そしてたえず自分を磨こうとする人です。なぜなら守護霊は、呼んで字のごとく「守護」する霊ですから、当の本人が率先《そっせん》して努力して初めて守護してくださるのです。守護霊といえども、本人が何も努力しないでいては、勝手に守護してはいけないことになっています。

二番目の、「霊界の掟《おきて》にしたがっている」というのは、「守護霊は、人生の本義《ほんぎ》に合った日々を送っている人だけを守護する」

という意味です。

人間は魂を錬磨《れんま》するためにこの世に生まれてきていますから、「人生の本義」とは、魂を磨くことです。したがって、守護霊が人生の本義に反する人を守るのは〝守りすぎ〟になります。愛情過多《あいじょうかた》は本人をだめにしてしまうということから、守護霊は本人が葛藤《かっとう》し、苦しむ様子をじっと見守っている時もあります。そして、必要と判断すれば救いの手を差しのべてくれますが、時期尚早《じきしょうそう》と判断すれば、いくらお願いしてもまったく動いてくださらないこともあるのです。

この苦しい状態が、すなわち試練のときです。試練に直面して、本人がどのように努力するかを、守護霊は教育係としてじっと見ておられる。守護霊の愛情とは、やさしく包む〝お母さんの愛〟だけでなく、魂の錬磨のための教育という厳しい〝お父さんの愛〟も併《あわ》せ持っているのです。

このことを理解すれば、

「守護霊様の愛も悪霊に負けてしまうことがあるのでしょうか」

という疑問は氷解《ひょうかい》するはずです。〝お母さんの愛〟だけだと思っているから、悪霊に負けるのではないかと心配になるのです。

三番目の「因果の法則」とは、業《カルマ》と徳分《とくぶん》②を言います。人間は業を背負ってこの世に生まれてきます。「善因善果《ぜんいんぜんか》・悪因悪果《あくいんあっか》」といいますが、人間はすべて前世の業があり、家代々《いえだいだい》の業があり、逆に家代々の徳分があり、前世の徳分がありま す。したがって人間には、前世で作った悪因縁の〝借金払い〟と、前世で作った徳分の〝貯金おろし〟の両方があり、オギャーと生まれた瞬間から死ぬまで、この因縁因果という名のレールの上を走って行くのです。

前世の悪因縁《あくいんねん》によって、今世、不幸と苦しみのレールが敷かれます。人間は自分では気がつかないけれども、自分が作った前世の業《カルマ》の贖《あがな》いをさせられています。人生にはつらい時もありますが、その苦しみを乗り越えていくことが、自分がつくった前世の業の贖《あがな》いになるのです。

そして、守護霊は、

「どういうふうに越えていくのだろうか」

と見守っています。葛藤し、苦悶《くもん》し、努力し、いままさに乗り越えようとするぎりぎりのところで、守護霊がさっと救いの手を差しのべてくださったり、「頑張れ！　頑張れ！」と応援してくださる。因縁因果《いんねんいんが》の掟《おきて》——この絶対的な天地の法則というレールの上をいかに走るか。その走り方に応じて守護霊が守護をして下さるのです。
——以上、守護霊について三つのことをお話ししましたが、この三つを前提とし、守護霊と自分との間に距離ができてしまったときに悪霊のほうが強くなってしまうのです。すなわち、日々の想念が暗く消極的だったり、魂を磨き向上する努力を怠ってばかりいたりすると、悪霊につけこまれる隙《すき》を作ることになるのです。

《用語解説》

①**因果《いんが》の法則《ほうそく》**……因果応報《おうほう》のこと。先祖が罪を犯していると、子孫がそれを償わなければならない。逆に、先祖が人に喜ばれるようなこと、つまり善徳を積んでいれば子孫が報いられる。これが家伝《かでん》の因縁《いんねん》の因果応報であり、これを『易経《えききょう》』では「積善《せきぜん》の家には必ず余慶《よけい》あり、積不善《せきふぜん》の家には必ず余殃《よおう》あり」と表現されている。そして、前世で徳を積んだ人は徳のある家に生まれ、前世で人を苦しめた人は徳のない家に生まれてくるのである。
②**徳分《とくぶん》**……前世や今世で人を幸せにした総量のこと。徳とはひとことで言えば、「人に益《えき》する

行いをすること」で、具体的には困っている人を助けるとか、汚れている所があれば掃除したりとか、人を幸せにする行いを常に心がけ、かつ実践すること。徳を積めば守護霊や神々の応援があり、人も自分も幸せになる。なお、徳には「陰徳《いんとく》」と「陽徳《ようとく》」の二種類があり、陰徳は人に目立たないところで積む徳のことで、陽徳は目に見える形の徳。陰徳のほうが功徳はより高い。

この逆に、前世や今世で人を苦しめる行為をすると、徳分の反対の〝業〟となって積まれていくのである。

守護神と守護霊の違いは？

Q 守護神と守護霊の違いを教えてください。 ―（岐阜市　K・E／男）

深見●まさに字のごとく、守護神は「神様」で、守護霊は「霊」ですが、霊のことを「守護神」と呼ぶ説もあります。たとえば仏教では、卯年《うどし》生まれの人を守護しているのは文殊菩薩《もんじゅぼさつ》①ですが、この菩薩を「守護神」と定義しています。したがって厳密に言えば、守護霊には菩薩様や如来《にょらい》②様も入ることになります。

さて、守護神と守護霊の違いです。守護神はいま言ったように神様のことで、誰にでも一柱《ひとはしら》ついていらして、死ぬまで同じ神様が守護してくださいます。ところが守護霊は、前項でお話ししたように、一生のうち最低でも三回ぐらい替《か》わる。ここが大きな違いです。ちなみに守護霊というのは、ご先祖様の中で、死後五百年、六百年、七百年と修行した霊界で上ランクにいる人がつく場合が多いのです。

守護霊の交替についいては前項を参照していただくとして、どういう理由で守護神が決まるかについてお話ししましょう。これは鎮守様《ちんじゅさま》、産土の神様の媒介《ばいかい》によるのですが、大きく三つのケースがあります。

まず一つは、本人が前世に崇敬していた神様がつく場合。たとえば前世で熊野《くまの》大社《たいしゃ》③、箱根神社《はこねじんじゃ》④、住吉大社《すみよしたいしゃ》⑤などを崇敬していた人は、その神様が今世の守護神となって守ってくださいます。

二つ目は、ご先祖様代々が崇敬《すうけい》していた神社で決まる場合、そして三つ目が、自分の魂の系統で決まる場合です。人間は誰でも神様の分魂《わけみたま》⑥を持っていますから、その系統の神様だということで決まる場合があるのです。
以上、三つの理由によって守護神は決定されます。

《用語解説》

①**文殊菩薩**《もんじゅぼさつ》……釈迦の左（向かって右）にいる脇侍《きょうじ》。釈迦が前世で子供時代に教えを受けた仏と言われる。髷《まげ》の数によって、一字文殊、五字文殊、六字文殊、八字文殊と呼ばれる。智《ち》慧《え》を司る仏様（184頁「普賢菩薩《ふげんぼさつ》」参照）。

②**如来**《にょらい》……如来とは「正しく悟りを開いた人」の意味で、仏様の尊称《そんしょう》。ある程度の天地自然《てんちしぜん》、法界《ほっかい》の真相《しんそう》を極め、霊界や現実界で衆生《しゅじょう》を救える仏のこと。

③**熊野大社**《くまのたいしゃ》……熊野本宮《ほんぐう》大社・熊野速玉《はやたま》大社・熊野那智《なち》大社の総称で、熊野三山《さんざん》と呼ばれる。本宮大社には伊邪那美大神《いざなみのおおかみ》・速玉之男神《はやたまのおのかみ》・家津美御子大神《けつみみこのおおかみ》・天照大御神が祀《まつ》られている。所在地は和歌山県田辺市。

④**箱根神社**《はこねじんじゃ》……天平宝字元年（七五七）、万巻上人《まんがんしょうにん》が神託《しんたく》を得て芦《あし》ノ湖《こ》湖畔《こはん》に里宮《さとみや》を建て、天孫《てんそん》・瓊瓊杵尊《ににぎのみこと》（迩迩芸命）、后神・木花咲耶姫命《このはなさくやひめのみこと》（木花開耶姫命）、御子神・彦火火出見尊《ひこほほでのみこと》の三神を勧請《かんじょう》して、箱根三所権現《はこねさんじょごんげん》としたのが現在の箱根神社である。箱根神社は、明治初年

に神仏分離《しんぶつぶんり》がおこなわれるまで、「関東総鎮守《かんとうそうちんじゅ》・箱根権現《はこねごんげん》」と言われてきたが、その名のごとく総鎮守として、関東の人々に大いなるご神徳を授けられている。そのご神徳を慕《した》い、吉田茂（元首相）、堤康次郎（元衆議院議長。西武鉄道の中興の祖）など政財界《せいざいかい》の大立《おおだ》て者が陸続《りくぞく》と参拝した。所在地は神奈川県足柄下郡。

⑤**住吉大社**《すみよしたいしゃ》……住吉大神（底筒男命《そこづつおのみこと》、中筒男命《なかづつおのみこと》、表筒男命《うわづつおのみこと》の三神）は、神道上、もっとも重要視される「禊《みそ》ぎ」や「祓《はら》い」をご神格《しんかく》としてお生まれになった神様で、数々のご神託を下されるなど、常に歴代天皇の近くにあって、国家の経営を助けられた。住吉大神のご神徳はあらゆる面におよぶが、なかでも特筆《とくひつ》すべきは、大志を抱いた人の物事を強烈な力で推し進めるご神力とご威勢《いせい》があること。所在地は大阪市住吉区。

⑥**分魂**《わけみたま》……神様から分け与えられた魂の意。それゆえに人間は〝神の子〟と言われる。

守護霊は何回替わるのですか?

パートナー●守護霊は、一生の間に何回替わるのでしょうか。

深見●最低で三回、平均して四、五回であることは折りに触れてお話ししたとおりです。一般的に、守護霊が替わる時期は、男女とも思春期《ししゅんき》（十三〜十五歳）と、二十五歳。さらに男性は四十一歳の厄年《やくどし》①前後、女性は十八、十九歳と、結婚前後といったところです。

要するに守護霊が替《か》わる時期は、環境が激変するときなのです。しっかり頑張らなければと必死の思いでやっている姿を、指導霊が見て、

「よく頑張っているな、加勢《かせい》してあげよう。環境が変わって前の守護霊では分野が違うから、新しく、より強力な守護霊に来てもらおう」

と応援してくださるわけです。

パートナー●と言うことは、守護霊が交替するというのは、人生が良くなるということなのですね。

深見●そうです。いい意味で、人生がグレードアップされていく場合が多いのです。したがって、たえず激変する環境にあって、

「頑張るぞ」

「負けるもんか」

と努力する人は、そのたびに神様の命令で守護霊が交替しますから、一生で七回も八回も替わって、グレードアップしていきます。

逆に、守護霊の交替が一度もなく、生まれたときの守護霊が最後までついている場合もあります。守護霊の交替がないからだめかというと、そうとは限りません。このタイプの人は生まれたときからかなり大きな守護霊がついているため、替わる必要がないのです。芸術家など、天命《てんめい》をもって一貫したテーマで育っていく場合は、守護霊は死ぬまで一人というケースが多いのです。こうした人は、せいぜい十人に一人といったところです。

パートナー●私たちもいずれは守護霊になれるんでしょうか?

深見●もちろん、なれます。ただし、死んですぐ守護霊になれる人は何十万人に一人でしょう。なぜなら、守護神様から許可をいただき、それにふさわしい人だけが守護霊という役割を授《さず》かるからです。

このことは、たとえて言うなら自動車の運転免許と同じです。教習所に通って、正規《せいき》の免許を取った人の運転なら、乗せてもらって安心です。しかし運転の仕方は知ってはいるが、正規の免許はないという人では不安です。守護霊もこれと同じで、死んで守護霊になろうと思ったら、教習所に行って、人を導く運転技術や経験を積む必要があります。教習所での実習——すなわち修行期間は、だいたい二百年～三百年くらいで、神様から免許を授かることができます。

ところで、守護霊に関して誤った俗説があるので、注意していただきたいと思います。よくあるケースとして、親や祖父母など肉親が臨終《りんじゅう》のときに、「私が死んだら、おまえの守護霊になって導いてあげる」と、遺言《ゆいごん》を残して亡くなった場合です。

果たして、本当に守護霊として守ってくれるのでしょうか？

答はノーです。いまお話ししたように、守護霊になるにはそれ相応《そうおう》の修行が必要で、かつ神様の許可がなければなれないのです。言葉は悪いのですが、こういうのを〝モグリの守護霊〟と言います。

肉親ですから、子や孫を守ってやりたいという気持ちに偽《いつわ》りはありません。ただし〝無免許運転〟ですから、長期的な展望がなく、情に流されて目前のことだけに目を奪われてしまいます。こんな霊が憑《つ》いていたのでは幸せにはなれないのです。免許のあるのが守護霊で、無免許の霊は背後霊になることを覚えておいてください。

「私は、おばあちゃんに守られているから安心だ」

などと思っていると、いつ〝事故〟に遭《あ》うかもしれないのです。

《用語解説》

①**厄年**《やくどし》……陰陽道《おんみょうどう》からきたもので、何らかの厄難《やくなん》に遭《あ》うおそれが多いから万事慎《つつし》む方がいいという年齢。一般に男性は二十五歳・四十二歳、女性は十九歳・三十三歳とされ、四十二歳と三十三歳が大厄《たいやく》。またその前後の年を前厄《まえやく》・後厄《あとやく》といい、厄年と同じようにおそれ慎む方がいいといわれている。しかし、厄年を迎えるまでの間、一生懸命努力をしながらも報われなかった人の場合は、今まで得られなかった、本当に求めていた幸せが厄年の頃に得られることもある。

霊界ワンポイント知識①

霊界ストレス発散法

人にブツブツブツブツ文句を言う癖がありませんか？　文句ばかり言っていると、「いやなヤツ」と敬遠されます。反対に、いつも感謝、感謝ですごせば、人に喜ばれます。口先だけではなく、心から「ありがとうございます」と言う人は、とても感じがいいものです。

しかし、「いい人」と誉められても、やはり当人にはストレスが溜まります。人間ですからそれは当然としても、問題は、どうやってストレスを発散させるかです。

最良の方法は、守護霊にストレスをぶつけること。不満があるなら、それを守護霊にぶつけるのです。守護霊は霊界の存在ですから、どんなに文句を言ったところで社会的に問題が起きることはありません。しかも、守護霊は立派な方ですから、何を言っても、「わかった、わかった」と聞いてくださいます。たとえ文句を言うあなたのほうが悪かったとしても、守護霊はそのことは言わないで温かく見守ってくださいますし、逆に、あなたの言い分が正しければ、その言い分が通るように霊界から未来のことをちゃんとセットしてくださるのです。

文句を言うあなたが正しくても間違っていても、守護霊はちゃんと聞いてくださるのですから、ストレス発散には最高です。しかも言い分が正しければ、それを聞き届けてくださるのですから一石二鳥《いっせきにちょう》です。いや、ストレス発散だけでなく、「いい人だ」という評判も得ますから、一石何鳥もの効果があることになります。これを「霊界ストレス発散方法」と呼ぶのです。

また「霊界ストレス発散法」で、守護霊に不満や愚痴をぶつけるということは、守護霊と自分との〝念〟の間隔の距離が縮まることでもあります。霊界では、守護霊がそばにいると思えばそばに、遠くにいると思えば遠くにいる、というふうになっています。守護霊に文句でも愚痴《ぐち》でも何でも言えるということは、それだけ存在感が近いわけですが、ストレスをぶつけることで、さらに自分と守護霊との距離が近くなる。すなわち霊的にも運勢的にも、いっぱいプラスをもらうということなのです。

五

赤い糸の人と結婚《けっこん》する方法

赤い糸は何本あるのですか？（赤い糸の中でも一番いい人と結ばれる法）

Q

私の結婚について知りたく、ペンを執りました。いままで何回か、どちらかと言えば悲しい恋愛経験があって、現在に至っています。いまだに赤い糸で結び合った男性にめぐり合うことができません。いったい赤い糸で結ばれる人をどうやってみつければいいのでしょうか。何か具体的な方法がありましたらアドバイスをお願いいたします。

――（群馬県前橋市　Y・F、二十四歳／女）

深見●赤い糸の伝説については、私の著書『恋の守護霊』（たちばな出版刊）でくわしく解説してありますが、赤い糸については誤解が多いので、この機会にただしておきます。

まず知っておくべきことは、赤い糸は一本ではなく、五、六本あるということです。少ない人でも三本はあります。そして、赤い糸で結ばれる年齢までにどれだけ努力して自分を磨《みが》き、本来の自分の良さを出しているかによって、結ばれる相手のランクが決まってくるのです。

ランクはA、B、C、Dとあって、Aランクの人と結ばれるには、自分がそれに見合うだけの努力をしておかなければ無理です。AにしろBにしろCにしろ、それぞれ魂のランクに合った人と結婚することになるからです。それなのに、努力もしないでAランクの結婚を望み、しかも赤い糸が一本だけだと思いこんでいますから、

「いつめぐり合うんだろう、いつめぐり合うんだろう……」

と期待して待つ――ここに、間違いの元があるのです。

実際は濃《こ》い縁の人が目の前に現れているにもかかわらず、

「違う、この人じゃない。もうちょっと待てば、もうちょっと待てば……」

と、〝幻の一本の赤い糸〟を求めてしまう。複数の赤い糸のうち、自分の魂のレベルに応じた一本が相手と結ばれているのに、そこに気がつかない。そして縁

をのがし、いつしか三十もなかばになり、

「あの赤い糸の伝説はどうしたのかしら？」

ということになるのです。

それから、注意していただきたいのは、赤い糸というのは、あくまで縁《えん》のことです。縁ですから、そうと気がつかない地味な出会いもあります。いや、そのほうが多いでしょう。それにもかかわらず、テレビドラマで見るようなドラマチックなゴールインを夢に描いて、せっかくいただいた出会いの良縁《りょうえん》に気づかない。これでは、どんな良縁も開花はしません。

赤い糸というのは、あくまで可能性です。その人と結ばれる確率の高い縁です。が、しかしこの縁が結実するには、本人がそれと気づき、決断し、意志と行動をもってして初めて可能になるのです。

確かにドラマチックな結婚もあります。しかし、それは前世においても二人が夫婦で、しかも非常にいい結婚であった場合に限ります。確率的には十人に一人もいないと思ってください。

前世、夫婦であったカップルは、そのときの思い出があって、非常に太い一本の赤い糸で結ばれています。ほかに何本か赤い糸はありますが、それは全部細い。こういう人は、ある日突然――まさに赤い糸に引き寄せられるように――ドラマチックな結婚をします。が、いま言ったように十人に一人いるかいないかで、ほとんどの人は十人中九人のほうなのです。

ドラマチックな結婚を期待しないで、いま目の前の出会いが赤い糸の縁なのかどうか、冷静に客観的に考えてみることが大切です。その場合、大事なことは、感情に流されるのではなく、生活や人生観など、二人の相性やバランスはどうなのかということを考えることです。くり返し言っておきますが、ドラマチックな恋愛と結婚ばかりを夢見ていては、本当の意味でいい人との結婚を逃《のが》してしまうのです。

片思《かたおも》いの相手に気づかせる法、公開《こうかい》！

Q いま、ある人に片思いをしています。相手に私のことを気づかせるようなおまじないがあったら教えてください。
――（東京都板橋区　Y・K、十七歳／女）

深見●典型的な白魔術《しろまじゅつ》・黒魔術《くろまじゅつ》①のテーマがこれです。やり方を簡単に説明すると、自分の人形の絵を描いて自分の名前を書き、その横にもう一体の人形を描いて好きな人の名前を書き、両方の人形をヒモで結んで、二人は仲がいいのだということを強くイメージに浮かべながら、

「きっとそうなる」

と心から確信し、さらに、

「二人は目に見えない世界で結び合っているんだ」

と強く信じると、願いは結実します。

論《ろん》より証拠《しょうこ》です。実際にやってみてください。あなたが恋心を寄せている相手が、あなたの想いに気がついてくれるチャンスが自然に出てくるのです。

ただし、ここで大事なことは、そうやって恋愛関係《れんあいかんけい》になった相手とゴールインすることが、果たして幸せかどうかということです。必ずしも好きな相手と結婚することが幸せとは限らないからです。

そこで、交際を始める前に、自分の守護霊に問いかけてみるのです。

「この人と恋愛関係を続けていくことが幸せであるなら、ぜひ結婚できますように」

「両方が不幸になるのだったら、お互い傷つかないような形で別れることができますように」

と、二つの選択肢《せんたくし》を守護霊様に伝えておけば、交際を続けるうちに守護霊のほうで具体的な形で結論を出してくださいます。

しかし、このような魔術的な方法は、正しい天地《てんち》の道からちょっと外れたものなので、少しぐらい使う分には構《かま》いませんが、あまり執着《しゅうちゃく》しすぎたり、やりすぎないことが大切です。

《用語解説》

①**白魔術《しろまじゅつ》・黒魔術《くろまじゅつ》**……黒魔術は害悪《がいあく》と破壊《はかい》を目的とするもので、古代エジプト・ペルシャに始まり、ギリシア・ヘブライ世界を経て、中世ヨーロッパに伝わった。これに対して白魔術は、救済と治療を目的とするもので、悪魔の黒魔術に対抗すべく、天使や善なる精霊の力を借りて超常現象を起こさせる技術。中世ヨーロッパ悪魔学《あくまがく》の発展とともに成立した。不吉なことがあると十字を切ったり、「アーメン」と唱《とな》えて魔除《まよけ》とするのは、白魔術の最も簡略化《かんりゃくか》された例。

六

才能を開花《かいか》させる法

才能のあるなしは、前世《ぜんせい》で決まってしまっているのでしょうか？
（才能《さいのう》開花《かいか》の二つの条件）

Q 才能が前世からのものだとすれば、その人の才能のレベルは、生まれたときからすでに決まっているのでしょうか。

――（山口県下関市　K・F／女）

深見●ある程度は決まっています。ただし、才能については二つの要素を考えなければいけません。一つは技能技術という物理的な要素で、これらは限界がありませんので、磨けば磨くほど上のレベルに行きます。

もう一つの要素は、才能のあるなしにかかわらず、社会で成功するかどうかという運の問題です。いくら才能があっても、誰もが成功者になるわけではありません。反対に、才能に恵まれなくても、運がよくてスイスイと成功していく人がいるのは、みなさん、実生活でご承知《しょうち》だと思います。

ここでいう運を司《つかさど》るのが、徳分というものなのです。

徳分とは、前世や今世で人を幸せにした量を言います。前世において人を幸せにした人は、徳分の貯金があるため、たいして能力がなくても運がよくて出世しますし、反対に、頭がよくて優秀なのに全然うだつがあがらないという人は、徳分が足りないのです。自分を社会で成功させるための春風が吹いてくれないのです。そして、この徳分は、才能と違って、だいたい上限《じょうげん》が決まっているため、いまから変えることはできません。

では、前世において徳分の貯金がない人はどうすればよいか。人生をあきらめるしかないのでしょうか？

いいえ、ご安心ください。今世――すなわち、いまこの瞬間を努力して生きることです。人を幸せにしようと本気で想い、実践することとです。徳分を積むのです。徳分を積んでいくと、今世の貯金となり、晩年および来世になって、必ず目に見える成功運となって現れます。したがって、徳分を積むのに遅すぎるということはなく、いまを前向きに方向転換したところから未来は変わっていくことを知ってください。

技能技術は上限がありませんので、これを一生懸命に努力して磨く一方、人を幸せにし、社会に益するという徳分を積んでいく。この二つの要素がクルマの両輪となって、初めて才能が世に結実することができるわけです。

いま認められないからといってヤケになったり、投げ出してしまっては、もうそこですべてがストップです。いや、ストップするだけでなく、あなたの未来はもっと悪くなってしまうのです。

霊界ワンポイント知識②

運を開く三原則

玉《たま》も磨かなければ光らないように、ただ漫然《まんぜん》とした日々を過ごしていたのでは運も開きません。運を開くには、開くための正しい方法があるのです。

まず第一番目は、気力《きりょく》を充実させる努力。気力を充実させるには、自分で毎日やる気を鼓《こ》舞《ぶ》することです。「私はこうだから、こうやって、このようにやるんだ、やれるんだ!」と、絶えず自分に言って聞かせてください。特に、人に何か言われるとすぐに落ち込んでしまうタイプの人には絶対に必要です。

第二番目は、図々《ずうずう》しく生きること。《いい加減《かげん》主義》で日々を過ごすことです。《いい加減》という言葉には、デタラメでチャランポランというイメージがありますが、それは違います。むしろ謙虚さを意味しています。完全をめざし、自分ではそれを完成させたつもりでも、人様の目から見ればどこか不完全な部分があるものです。それぞれの分野でトップを走っている人は、自分の不完全さを知っていますから、「まだまだ、まだまだ」と自分を厳しく律《りっ》するのです。つまり完全主義を捨て、「まだだ、まだまだ」という《いい加減主義》を継続させることによって、徐々に完成に近づいていくというわけです。「もういいや」と投げるのではなく、「少しずつでもいいんだ」と長い目で見て努力する余裕を持つこと——これが《いい加減主義》なのです。

第三番目は、目上の人に対して絶えず礼節《れいせつ》を忘れないこと。たとえば、こまめにプレゼントを贈《おく》るとか、お世話になったら、すぐにお礼のご挨拶《あいさつ》にうかがうことはもちろん、お中元・お歳暮《せいぼ》も大切です。

「この子は若いのに、なかなか人間ができているな」

と目上の人が感心すれば、引き立ててくれます。運というのは、このように人の引き立てによって開いていくものなのです。

以上、三つのポイントを実行すれば、才能の芽《め》が太くなっていって、運が開けてくるのです。

七

前世《ぜんせい》の因《いん》と今世《こんせい》の関係

運の良《よ》し悪《あ》しは生まれつき決まっているのでしょうか⁉ (運をよくする絶対法《ぜったいほう》)

Q

よく、あの人は運の強い人だとか、運のない人だとか言いますが、運の良《よ》し悪《あ》しは生まれつき決まっているものなのでしょうか。もし、努力次第で運がよくなるのであれば、その方法を教えてください。

——(大阪　N・K、十七歳／男)

深見●この人生のビッグテーマについては、私の『強運』(たちばな出版刊)という本に詳しく書いてありますが、結論から言うと、運の良し悪しの絶対量の基礎というのは、生まれたときにだいたい七割〜八割くらいまで決まっているのです。ただし、残りの二割〜三割は不確定要素としてありますので、運をよくする努力を継続し、それが積み重なっていくと、悪運《あくうん》の人生であっても吉運《きちうん》に変えるだけの力を持ってきます。

ならば、座《ざ》して悪運を悲観《ひかん》するのではなく、立ち上がり、積極的に行動し、強運に変えるよう努力すべきです。そのためには、どうすればよいか？　その方法をご紹介する前に、運とは何かについてふれておきます。

まず運という字をよく眺めてください。運という字は「運《はこ》び」の意です。運・不運というのは、「運《はこ》ぶ」か「運《はこ》ばざる」かということを言っているのです。悪いものを運ばないようにして、良いものをどんどん運《はこ》んでくれば、おのずと運は開けることになる。これが運の正体なのです。

では、何をどうすれば良いものを運《はこ》んでくることができるのか、それを次にお話ししましょう。ポイントは三つあります。

まず第一のポイントは〝祈り〟です。

「私はこういうふうに生きるんだ」

「ああいうことをやりたい」

「こんな人間になるんだ」

という魂の叫び――これも祈りの一つです。

そういった祈りに対して、守護霊や先祖、神様が、

「よし、その願望にふさわしいだけの努力をすれば運《はこ》んでやろう」

と言ってくださって、初めて運は運《はこ》ばれて来るのです。

ですから、守護霊やご先祖、神様に向かって、良い祈りをたえず継続していくと、目に見えない世界から〝良い運《はこ》び〟がやって来るというわけです。

第二のポイントは、祈りとまではいかない想い——つまり念のことですが——、私は運がいいに違いないと自らが確信して、

「いいことが起きるに違いない、いいことが起きるに違いない」

という想いを持ち続けることです。

良い想いとは、①明るいこと、②前向きだということ、③積極的だということ、④楽天的《らくてんてき》だということ、⑤過去のことをくよくよしないこと——この五種類を言います。

最後の第三のポイントは、祈りや想いが、具体的に運としてどういうふうに運《はこ》ばれて来るのか、ということです。それは人を通してやって来ます。友人や先輩、両親、親戚《しんせき》、さらに見ず知らずの人とのちょっとした出会いなどを通じて運は運《はこ》

ばれてくるのです。タレントにスカウトされ、本人はその気がなかったのに、親が勧《すす》めるから仕方なくやってみたところ大成功したとか、ちょっとした情報から財産をなすとか、たまたま知人に勧められた本を読んで人生観が変わったとか、運はまさに人がもたらしてくれるのです。

言いかえれば、人を介して運《はこ》ばれてきた出会いや情報がよい運であることを見抜き、それを躊躇《ちゆうちよ》することなく、パッとつかまえることができるかどうかが最大のポイントになります。

「ウーン、人が言うことだからなァ。どうしようかな……」

とためらっていては、運をのがしてしまいます。

そのためには、日ごろから良い祈りを持つことです。そうすれば、人を通じて出てくる言葉や〝お薦《すす》め〟に対して、

「あっ、これは祈りの成果で出てきたんだ、人から運《はこ》ばれてきた運だ」

と、瞬時にしてわかるようになります。

「人」を単なる「人」と思うのは間違いです。「人」は運と宝物を運ぶ媒介《ばいかい》なのです。そういう想いと目で見ながら毎日を過ごしていくことが、開運のための努

力の重要なポイントになるのです。
だから人を大切にしましょう。人の話に注意深く耳を傾《かたむ》け、「あ、これが良い運の始まりじゃないか？」という姿勢が大事なのです。

霊界ワンポイント知識③

因果《いんが》というものは

前世にたくさんの「良い因《いん》」を積んでいれば、今世は一生涯を通じて「良い果《か》」（運気・才能・健康・財運に恵まれるなど）が約束されています。人間は因果の法則に支配されていますから、自分で自分を変えられるようでいて、実際は変えられないものなのです。なぜなら、過去の自分の行いや想念が結果としていまの自分を形成しているからです。つまり、いまの自分を変えるには、過去の自分を変えなければならないという理屈になりますが、これは不可能です。

長い期間で見れば、前世というものに「因」があり、その「果」が今世と考えられます。もちろん百パーセントではありませんが、七割～八割がそうです。残りの二割～三割が、さらに来世に「果」としてつながっていくのです。

ただし、前世の「因」が良くないからといって悲観することはありません。現世で「良い因」を作っておけば、人生の後半と未来において、「良い果」を得ることができます。

ちなみに「良因」と「良果」の関係がどんなものか、例をあげてお話ししましょう。人気女優のOさんは、今世、「良い果」を受け取ることになっていますが、前世で積んだ「良い因」とは、何だったのでしょうか？　Oさんの前世は出雲大社《いずもたいしゃ》の巫女《みこ》[1]さんで、終生《しゅうせい》出雲の神様にお仕《つか》えしていたのです。

そのため、今世のOさんは生まれたときから出雲の神様のお使いという役目を授かっており、出雲の神様の使者の龍神《りゅうじん》[2]様が御三体《ごさんたい》ついていらっしゃいます。白龍《はくりゅう》と紫の龍、それに緑《りょく》青龍神《せいりゅうじん》です。白龍は三百メートル～三百五十メートルくらいの大きさで、紫の龍は約五百メートル、そして緑青の龍は約四十メートル。大きい龍は大きな運を司り、小さい龍は日常生活に直結した物事を導くなど小回りがきくことが第一義《だいいちぎ》になっています。Oさんには、生まれたときからこの御三体の龍神が守護霊としてつき、死ぬまで守ってくださっているのです。

ですからOさんは、予知能力や直感力に優れています。また、こうあって欲しいという願望などが、想うだけであっというまに成就してしまうはずです。前世の徳分に加えて、特別な神様の道を生涯貫《つらぬ》き通した人ですから、そのようになるのです。そして、今世のさらなる努力によっていっそう徳分を積めば、それを「良い因」として、来世にも「良い果」がもたらされます。そういう因縁因果の法則を知り、自覚し、自信を持ったなら、もっともっとこの働きは強くなるというわけです。

《用語解説》

①**巫女《みこ》**……神に仕えて、神楽《かぐら》を舞《ま》ったり、祈祷《きとう》をしたり、神意《しんい》を伺《うかが》ったりする未婚《みこん》の女性。

②**龍神《りゅうじん》**……龍神は実に多種多様であって、決して一様に考えてはならない。色で分けても白龍、金龍、銀龍、青龍《せいりゅう》、紅龍《こうりゅう》、緑龍《りょくりゅう》、紫雲龍《しうんりゅう》など千差万別《せんさばんべつ》。役割も出所も千差万別。ただし、すべての龍神は真の神や神霊ではなく、神霊の化身《けしん》であったり、乗り物であったり、眷属《けんぞく》であったり、神使《しんし》であったりする。

八

神霊界《しんれいかい》からみた恋愛《れんあい》アドバイス

結婚相手《けっこんあいて》は前世で親しい関係だった人なのでしょうか？

Q 結婚相手は、前世に何かご縁があった人なのでしょうか？
——（千葉県千葉市　S・K、二十一歳／女）

深見●それはあります。兄弟だったり、親子だったり、師弟《してい》の関係だったり、前世において、必ずそういった近しい関係にあります。そして、さらにその関係は、A、B、Cとランクに分かれており、自分が修養《しゅうよう》した魂のレベルに合った一番いい人とのご縁《えん》が今世に結実《けつじつ》するわけです。

良いご縁とは、相手から尽《つ》くしてもらえる関係です。つまり前世で、あなたがその人に何かいいことをしてあげていたなら、今度は今世において、その人がお返ししてくれるのです。たとえば、結婚して、どういうわけか奥さんの世話ばかりして不思議に思うというご主人がいますが、これは前世で奥さんに世話になっ

ていて、そのお返しをさせられているというわけです。目には見えないけれども、魂の自然の働きですから、

「これは前世でお世話になったから、今世、夫として（あるいは妻として）お返しをするんだな」

と思って〝女房孝行《にょうぼうこうこう》〟すれば、夫婦円満《ふうふえんまん》の幸せ家族が実現するのです。

相性《あいしょう》はどうして決まるのですか？

Q

初めて会ったその瞬間、「あっ、この人とはウマが合う」とか、「友達にはなれないな」とわかってしまうのですが、相性とはどうやって決まるのでしょうか？　決して相手の性格が悪いわけではないのに、どうしても好きになれない人というのは、前世の出会いがよくなかったせいでしょうか？

――（長崎県長崎市　N・K、二十三歳／女）

深見●これは、みなさんが思っていることでしょうね。だから、いろんな占《うらな》いのなかでも、相性占いがもっともポピュラーなものになっているのです。が、しかし、街《まち》の占い師さんたちは手軽に占って見せてくれますが、相性を解明するというのは、本来はとても難しいことなのです。

因果の法則で今世を生かされている以上、相性は前世の縁が大きく影響します。たとえば前世で敵同士の関係にあれば、会った瞬間、ゾッとしたりするものです。そして、いっしょにいるとケンカばかりして、結局は、なぜかうまくいかないということになります。反対に、前世で家族だったり、近しい人だったり、いっしょに仕事をしていた人であれば、何だか知らないけれども親近感《しんきんかん》がわいてきて、ウマが合うということになるわけです。

ただし、人とのつき合いというものは、ウマが合う、合わないよりもっと大事なことがあります。それは相手の御魂《みたま》の問題です。良い魂か悪い魂か、素晴らしい御魂であるか否《いな》かによって、相手を評価すべきなのです。魂の良《よ》し悪《あ》しを判断する方法は、その人が送ってきた人生の足跡《そくせき》を見ることです。一つのことをやり通してきたか、絶えず成功してきたか、志をまっとうできたかできなかったか、というところを見るのです。スポーツであれ、勉強であれ、仕事であれ、一つの分野をまっとうできた人は本当に運がいいのです。

運がいい人は、いつも人の引《ひ》き立《た》てを受けています。人の引き立てを受けるということは、人の道に外れたことをしなかった人です。頭ごなしで何かをしたり、恩人《おんじん》に後足《あとあし》で砂をかけたりということは絶対になく、いつも相手のことを考え、思慮深《しりよぶか》く行動している人です。このように、相手の足跡を見て、すべてが成就《じようじゆ》していたら、少しぐらい相性が悪くても、その人といっしょに仕事をしたり、交際したりすることは、自分もその人の素晴らしい運の恩恵を受けることができるのです。

相性はイマイチでも、強運の素晴らしい人と交際するポイントは、相手の長所を中心に見ていくことです。長所を吸収する努力をするのです。そうすることで、自分もまたその人の運を享受《きようじゆ》できることになります。

言い換《か》えれば、自分もまた、まわりの人から足跡を見られるということでもあります。強運で素晴らしい人間だと賞賛されるよう、たとえ途中で挫折《ざせつ》したとしても、それを乗り越えて行くだけの気概《きがい》と希望、そして想いが何より大切なのです。

恋愛《れんあい》をしたことがない私……男性への警戒心《けいかいしん》が強いのは前世に原因が？

Q

実は私、まだ恋愛の経験がありません。「愛」というものに縁がないのです。たとえ好きになっても、もしも迷惑に思って気分を害したらどうしよう、などと考えると、恐くてそれ以上は進めないのです。だから、いままで一度も男の人とおつき合いをしたことがないのです。このまま一生、恋愛も結婚もできなかったらどうしようと思うと、いつも不安です。

——（岡山県　ペンネーム「キンモクセイ」二十歳／女）

深見●こういうタイプの女性は、前世で男性に苦労し、その記憶が今世に現れているのです。だから異性のことになると魂が自動的に反応して、異常なくらい警《けい》戒心《かいしん》を持ってしまうのです。

解決法として、私は次の三つの方法をお勧めします。

第一番目は、恋愛に対する考え方です。さも恋愛が幸せの極致《きょくち》であるかのように思い込みがちですが、これは錯覚《さっかく》。男性とおつき合いをしたからといって、幸せとは限らないのです。恋愛の数こそ多いのになぜか縁遠《えんどお》く、結局、ひどい人と結婚して苦しむという人が意外に多いことを見ても、「恋愛経験＝幸せ」とは限らないことがおわかりいただけるでしょう。

大事なことは、恋愛をすることではなくて、いい結婚をすることとです。幸せな結婚をすることが目的なのです。ということは、恋愛体験がなくても別に不幸でも何でもないわけで、嘆《なげ》く必要はまったくないのです。ちなみに、相談者の「キンモクセイ」さんは、私が観《み》るところ二十二歳くらいで幸せな結婚をすることになりますので、自信を持って結構です。

第二番目は、男性に対する気持ちは、前世の記憶によるものであることをしっかりと認識することとです。良い記憶であるならば、記憶にまかせればいい。しかし、あまり良いものでなかったなら、

「その記憶を払いのけて乗り越えるんだ」

と自分に言い聞かせ、努力してください。これからの人生と来世のために、新しい〝良い記憶〟を作っていくことが大切なのです。

だから、フラれようが、嫌がられようが、

「かまうもんか」

と居直《いなお》り、自分自身の修行のつもりで彼氏にアタックしてみることです。前にも申し上げましたが、男性というのは——もちろん女性もそうですが——愛を告白されて嫌な感じを持つ者はいません。「案《あん》ずるより産むがやすし」です。彼と自分自身に対して、堂々とチャレンジしてください。

最後に第三番目として、手紙作戦です。好きであればあるほど、面と向かっての愛の告白は難しいと思いますので、思いの丈《たけ》を手紙に託するのです。切々《せつせつ》と訴えるのです。そうしておけば、顔をあわせたときに目を伏せておくだけで、あなたの思いは相手に通じるというわけです。

以上、三つのポイントを恋愛のアプローチ法としてアドバイスしておきます。

パートナー●まだ恋愛をしたことがないからといって、結婚できないなんてことは決してありませんよね。

深見●もちろんです。かえって男性は、そういう女性はいないかと探しています。恋多き女性が相手だと、結婚しても浮気するのではないかという疑いの気持ちを、男性はどうしても持ってしまいがちです。恋愛経験のない女性というのは、男性から見れば、手つかずのまま置かれた大自然の秘境《ひきょう》のようなものです。最後に残された万年茸《まんねんだけ》というか、霊芝《れいし》を発見した仙人《せんにん》のような気持ちでしょう。マジメな結婚を望む男性は、そういう無垢《むく》な女性を好むのです。

九

人の生まれ変わりについて

人間が動物に生まれ変わることはあるのでしょうか？

Q 人間には前世があるそうですが、動物にも前世があるのでしょうか？ また人間が動物に、動物が人間に生まれ変わることはあるのでしょうか？
——（和歌山県和歌山市　N・H、十九歳／女）

深見●こうした疑問はもっともで、よく「私の前世は天狗《てんぐ》①でした」とか「カエルでした」などという本が世間を混乱させています。たしかに珍しいケースとしてはありますが、その場合でもちゃんとした理由があるのです。

人間は、前世も人間の霊で、代々「人間」としてこの世に生まれ変わります。霊界では現世と同じように、男女が睦《むつ》み合って人間の魂を作るのですが、たまに特殊なケースとして、先祖の霊が憑《つ》いたニシキ蛇とか犬といったものがいます。これは厳密に言えば、先祖霊が蛇や犬といった畜生《ちくしよう》の霊体《れいたい》の中に堕《お》ち、合体《がったい》して憑《つ》いているということです。

では、どういう先祖霊が畜生道《ちくしょうどう》②に堕ちるかと言えば、文化的な意識がなくて、金銭《きんせん》や権力、色事《いろごと》といったことだけに生きた人間で、彼らは霊界で蛇《へび》や犬、狸《たぬき》③などの姿になります。そして、畜生道《ちくしょうどう》に長くいた先祖霊が改心し、生まれ変わるときに、動物の霊にかかって動物と同じ悲しさを味わわされるのです。家の主の蛇がいるといった話はよく聞くと思いますが、これは畜生道に堕ちた先祖が、蛇の霊を占領して家を守り、蛇としての一生を終わっていくということで、厳密《げんみつ》な意味で蛇に生まれ変わったわけではないのです。

次に、動物が人間に生まれ変わるかという質問ですが、一般的にはあり得ません。もし動物が人間に生まれ変わるなら、たとえば猫の霊が人間に憑《つ》くと、人間がニャーニャー鳴くことになりますが、みなさんご承知のように、現実にはそういうことはありません。

ただし、生まれ変わるのではなく、動物の霊が人間に憑くことはあります。しかし、この場合も、人間はニャーニャーとは鳴きません。なぜなら霊は、憑いた生き物の言語能力と発声器官を使って声を発するからです。人間についた犬の霊は、人間の言語能力と発声器官を使いますから、日本人に憑けば日本語を、アメリカ人に憑けば英語を話すことになります。逆を考えてみればもっとわかりやすいと思いますが、人間の霊が畜生道に堕ちて憑いたからといって、蛇や犬が人間の言葉を話すことは有り得ないのと同じ理屈《りくつ》です。

ただし、非常に意識レベルが高い犬や猫は、先祖の霊が合体して憑いていることがよくあります。また、ペットを可愛がっていると、水子の霊が自分も可愛がってもらいたくて、猫とか犬といったペットに憑いて、いっしょに可愛がられているというケースはよくあることです。

以上のように、動物霊と人間霊は、それぞれが合体して憑くということはあっても、厳密な意味で生まれ変わるということはないのです。

《用語解説》

①**天狗《てんぐ》**……天狗は想像上の怪物《かいぶつ》とされるが、実際に存在している。修験道《しゅげんどう》や山岳信仰《さんがくしんこう》をする人々とは密接な関係がある。天狗がつくと、あらゆる神通力《じんつうりき》に秀でて、薬草《やくそう》を見つけること

ができたり、空中に高く飛び上がることができたり、念力が強力になったりする。しかし、龍神同様、あくまでご神霊の眷族《けんぞく》（使者）であって本当の神様ではない。また、天狗がつくと、高慢《こうまん》になったり（天狗になる）、うぬぼれが強くなるという落とし穴があるので要注意。また、人霊が天狗に化けている場合も多い。木霊《もくれい》の化身の天狗もいる。

②畜生道《ちくしょうどう》……精進、努力を怠《お》って、安逸《あんいつ》を貪《むさぼ》っていると、外見上は人間の姿をしていても、その想念は畜生道に堕ちてしまう。畜生は御魂を向上させるだけの霊的自覚はもちろん、知性も教養もなく、ただ本能にのみしたがう。だから動物的本能だけで生きている人は、死後、畜生道に堕ちてしまう。畜生道に堕ちてしまった霊はみずからの境遇《きょうぐう》を呪《のろ》い、また苦しいために、なんとか救われたいという一心で子孫に憑き、いろいろと霊障《れいしょう》をもたらすのである。

③狸《たぬき》……狐と並んで多い動物霊は狸である。種類は、①動物霊の狸の霊、②怨念霊狸《おんねんれいだぬき》、③先《せん》祖霊狸《ぞれいだぬき》、④浮遊霊狸《ふゆうれいだぬき》、⑤霊味天狸《れいまいてんり》（身長二十メートル〜百メートルくらいの巨大なものもある）、⑥人の想念がつくり出した幽邪狸《ゆうじゃだぬき》（身長二、三メートルから数十メートルのものまである）の六種類がある。このうち、よくたたりをするのは、②③④の人霊が霊界で狸の姿となっている場合である。なお狸の特徴は、下司《げす》で下品で低級趣味であるということ。したがって、高尚《こうしょう》な趣味や高貴《こうき》な人生のビジョンが欠如した下品な人や、努力、精進《しょうじん》を嫌い、怠惰《たいだ》、ずぼら、無気力、飽食《ほうしょく》の人は狸が憑いていることが多い。

親しい人は前世でも深い縁《えん》があるのでしょうか?

Q

ある雑誌に、前世で関係があった人とは、現世でも必ず出会うと書いてありました。それなら両親や友達などは、前世でも何らかの形で関係があったのでしょうか? そうだとしたら、前世と現世と親しさの度合いは同じなのでしょうか? そして、もう一つ、希望通りに生まれ変われるものなのでしょうか?

——(埼玉県川口市 ペンネーム「川口の星」/男)

深見●前世で兄弟だった人が夫婦になる、夫婦だった人が兄弟になる、親子だった人が夫婦になる——と、組み合わせはいろいろですが、とにかく前世において非常に親しかった人が、現世でも同じように親しい関係になるケースは確かに多いです。また、ひと口に「前世」と言っても、今世から見た一つ前の前世もあれば、二つ前、三つ前とエンドレスの関係になっていることも念頭《ねんとう》に置いておく必要があるでしょう。

前世と現世の関係にはいろいろなパターンがありますが、みなさんが今後の生き方として参考にすべきは、「逆転のパターン」です。逆転のパターンというのは、主従関係《しゅじゅうかんけい》が、前世と今世で逆転することです。前世に主人だった人が、従業員をイジメたり、苛酷《かこく》な労働を強いたりした場合、今世では主従が逆転して主人が従業員に、従業員が主人として生まれ変わってくるのです。前世のツケを、今世で払わされるというわけです。

逆に、前世で人様のお世話をした人は、今世は、その人にお世話になります。「どういうわけか、あの人は世話ばかりしてくれる」といったケースは、その人が前世において、あなたに借りがあるため、自然にお返しをしているのです。

次に、希望通りに生まれ変われることができるかという質問ですが、結論から言えば、ある程度徳分を積んで、真ん中以上のレベルになった人であれば可能です。

たとえば仕事において優秀な人であれば、神様が、

「お前、今度はどこの国で仕事をしたいか?」

と聞いてくださいます。

「ヨーロッパに行きたいです」

と答えれば、

「じゃ、イギリスに行かせてやろう」

となるのです。

今世、努力して徳分を積み、神様の目から見て、いい奴だということになれば、希望通りに生まれ変わることができるのです。しかし、そうでない場合には、本人の希望など無視して、強制的に生まれ変わらせられてしまいます。生まれ変わりというのは、会社の転勤や配置がえのときと同じと考えればいいでしょう。

輪廻転生《りんねてんしょう》で生まれる国の決定は何が基準でしょうか？

Q 人は輪廻転生《りんねてんしょう》するそうですが、あるときは日本人、またあるときにはフランス人というように違った国に生まれるのは、何か基準があるのでしょうか？

――（神奈川県厚木市　ペンネーム「源義経」／男）

深見●輪廻転生①には基準が二つあります。一つは、霊層が真ん中以上のレベルであれば、生まれ変わる国を自分で選ぶことができます。「フランスに生まれ変わりたい」「スペインに生まれ変わりたい」「中国に生まれ変わりたい」――といった願いを神様は聞き届けてくださるのです。

もう一つは、神様の意思で生まれる国を指定される場合です。たとえば現世、日本に生まれた人を例にあげましょう。日本という国は、自然との一体感であるとか、イエスとノーの区別が曖昧《あいまい》で、右に左にたゆたう情感豊かな国です。こう

した日本に生まれて、美というものを極《きわ》めた人は、神様から、

「今度はドイツで生まれ変わって、もっと緻密《ちみつ》に知性を磨きなさい」

と、修行テーマが与えられるのです。

あるいは逆にドイツで生まれ、緻密な知性を磨いた人は、

「今度は芸術的な情感の広がりや、四季折々の感情のヒダの細かいものを修行しなさい」

という神様の命令で、日本に生まれ変わるのです。

霊層が低く、真ん中以下の人の場合は、神様が強制的に生まれ変わる国をお決めになるため選択の余地はありませんが、神様は国民性や歴史、風土、文化、芸術、言語といったものを勘案《かんあん》し、当人が修行すべきテーマにあった国をお選びになっています。

《用語解説》

①**輪廻転生**《りんねてんしょう》……生ある者が生死《せいし》をくり返すこと。仏教では永遠に輪廻転生し続けることは苦

しみであり、死んで肉体を脱いだあとは、涅槃寂静《ねはんじゃくじょう》して霊界で永遠に幸せに暮らし、二度と生まれ変わって来たくない――という考え方である。だが、これはインドという風土に根ざした考え方といえるだろう。仏教の発生したインドには、カースト制度という厳しい身分制度があり、スードラは何度生まれ変わってもスードラ、バイシャは何度生まれ変わってもバイシャになると考えられていた。それゆえ、生まれ変わってこないことが当時のインドでは最大の救いだった。しかし、神霊界の真実から見ると、この考え方は正しくない。

生まれ変わり死に変わりとは、魂の進歩向上発展《しんぽこうじょうはってん》のためにするのであり、さらにいえば、もう十分に修行を積んで、本来ならばもう生まれ変わってこなくてもよいような立派な魂のもち主は、神々《かみがみ》の御心《みこころ》を思い、神の使者としてこの世の中をより素晴らしくするためにあえて生まれ変わってくるのである。

このように、天の使命を受けて再び生まれ変わってくる御魂を「再誕御魂《さいたんみたま》」といい、そうした中でも、すでに神様の位《くらい》にまで達していながらあえて生まれてくる御魂は「降臨御魂《こうりんみたま》」、肉体をもって生まれ変わってくるのではなく、生きている人間と合体して霊界から活動している御魂を「再臨御魂《さいりんみたま》」という。こういう役割を持って生まれてくる方々が、天才や聖人である。なお、亡くなってからわずか三十年ほどで、もう一度人生をやり直すために生まれてくるのは「再生御魂《さいせいみたま》」という。

人は何年おきに生まれ変わるのでしょうか？

パートナー●人は何年おきに生まれ変わるのでしょうか。またその法則というものはあるのでしょうか？

深見●人が生まれ変わる年数は、平均して三百年前後です。早い人で二百五十年～二百八十年、遅い人で四百年といったところです。したがって自分が生まれた年（西暦）から三百年を引いた時代が、あなたの前世である場合が多いのです。

ただし、前項でお話ししたように、霊層が真ん中以上の人は修行のテーマを神様から与えられて生まれてきますから、前世に生活していた国は、現在生まれ住んでいる国とは異なります。「中国でしか得られないものを勉強せよ」というテーマを与えられれば中国に、「ヨーロッパでしか得られないものを修得せよ」というテーマを与えられればヨーロッパに生まれているわけです。これが霊層が真ん中以下の人になると、「お前はこの国のこの時代に生まれて、この修行を積みなさい」と、足りないところを強制的に修行させられます。

ですから、なるべく生まれる国を選択できるよう、今世で徳分を積み、良き来世を迎えていただきたいものです。

初《しょ》対《たい》面《めん》なのに会ったことがあるような気がするのは⁉

Q 初対面なのに懐かしい気持ちがわいてくる人がいます。また、思い出せないんですが、どうしてもどこかで会った気がしてならない人もいます。これは、我々の前世と関係があるのでしょうか？
――（埼玉県川越市　I・S、二十一歳／女）

深見●前世との関係も含め、懐《なつ》かしい気持ちがわいてくる理由は、次の三つのパターンに分けられます。

第一番目は、本当に前世において家族だったとか、お友達だったたという、ごく近しかった場合です。全体の約六十パーセントがそうです。

二番目は、自分が夢の中（潜在意識《せんざいいしき》）で、その人と出会っている場合です。対面したという記憶は潜在意識に残っていますから、実際に会ったときに、

「あれれ、どっかで会ったはずだが」

と、釈然《しやくぜん》としない気持ちになるのです。

実は、この夢見は偶然ではなく、予知なのです。夢の中というのは霊界の窓口ですから、霊界でその人とも実際に会っているのです。現実と霊界とではタイムラグがありますから、実際に会ってハッとするわけです。

第三番目は、守護霊が懐かしいと思っている場合です。たとえば、たまたま知り合った人と話をしていたら、出身地が自分と同じ広島だということがわかったとします。

うれしくなって、

「私も広島なんですよ」

と、あなたは笑みを浮かべながら、

「広島のどこですか?」

と話を継ぎます。

「△□市です」

と相手。

「あっ、私と同じじゃないですか」

「私の家は凸凹町です」

「えっ、じゃ、隣町《となりまち》だ!」

こういった〝奇遇《きぐう》〟は、元をたどっていくと、双方の五代~八代前のご先祖様が同じであったということがめずらしくないのです。分家《ぶんけ》したり、結婚して姓が変わったりで、五代も八代もたってしまえば当人たちにはわかりませんが、先祖の霊同士が懐かしがっているのです。

ただし、こうしたケースの人間関係には、吉凶《きつきよう》の両方あるので注意してください。懐かしいからといって結婚したらひどい人だったということもありますので、その縁が悪因縁か、良因縁かは、やはり常識的、客観的な目で見ていくことが大切です。

霊《れい》・霊界《れいかい》・後光《ごこう》について

霊魂《れいこん》について――人と動物の違いは?

パートナー●霊魂について基礎知識を教えていただきたいと思います。先生、霊魂はどのようにして生まれるのでしょうか。また、それは一度生まれると永遠に不滅のものなのでしょうか?

深見●まず霊体と霊魂は違うということを知ってください。動物はもちろん、鳥や魚、さらに樹木《じゅもく》に至るまで、すべての生き物に霊(霊体)は存在しますが、この霊に魂《こん》を宿《やど》すというのは、神なるものが宿るという意味になるのです。したがって霊魂とは、霊と魂が合体したものを言い、姿形《しけい》は人間であっても、魂のない霊だけの人もいるのです。

また、霊と魂と両方合わせて「魂魄《こんぱく》」と呼ぶ場合もあります。魂《こん》は、その神なるものの高貴な世界で、魄《はく》は生命保持を司《つかさど》る肉体物質の世界です。したがって魂《こん》が魄《はく》に打ち勝てば人間らしい高貴な霊魂となり、魄《はく》が勝てば動物的な人間になってしまいます。高貴な霊魂は、死後素晴らしい霊界や天国に行けますが、動物的な人間になると、人間でありながら人間の姿を取ることができず、動物と同じような霊になってしまうのです。

高い霊界にある人と低い霊界にある人

パートナー●高い霊界にある人と、低い霊界の人とでは、何がどう違うのでしょうか。また前世の霊魂は、現世に受け継ぐことができるのでしょうか？

深見●魂《こん》が魄《はく》に勝っている人は、次の三つのポイントが磨かれています。一つは信仰心《しんこうしん》、二つ目は学問を探求する心、三つ目は芸術の心です。神への信仰心、芸術的な鑑賞力《かんしょうりょく》、そして学問を理解する能力というものはそれぞれ魂に残っており――ここが動物と人間の違うところですが――、これら三つを合わせ持つところに意味があるのです。

ただし三つを合わせ持つとは言っても、信仰心も、芸術的な鑑賞力も、学問を探究する心も、それぞれが独立しているのではなく、融合《ゆうごう》し合って存在していま す。しかもこの三つは、死後、霊界へ持って行くことができます。だから高い霊界に上がった人は、そこで学問をし、芸術をし、神様のことを聞いたり勉強したりしています。反対に低い霊界へ行かされる人は、この三つの要素を持っていないのです。

人間である限り、この三つの要素は霊界に持って行けますし、霊魂が生まれ変わって現世に出て来るときにはそれらの要素が生まれながらの才能になるわけです。霊魂は不滅で、何度も何度も生まれ変わって受け継がれるのです。

死後《しご》さまよう霊は、なぜフラフラしているのですか?

パートナー●人は誰でもいつかはこの世を去らなければならないわけですが、中には死んでから霊としてさまよう人もいます。これは何かわけがあるのでしょうか?

深見●もちろん、ハッキリしたわけがあります。霊としてさまよう人は、自分は死んだという自覚がないのです。たとえば自動車にハネられて死んだ場合でも、「あれ? 何かにぶつかりそうだったけど、どうなっちゃったのかな?」

と思うだけで、自分が〝死んだ〟ということを自覚しない。そして自覚のないまま霊となって、二年でも三年でもこの世に残っているのです。人の声は聞こえるし、姿も見えますが、しかし、それにしては何となくヘンだな、という気持ちも一方でありますから、

「うーん、おかしいな、死んだのかな？　いや、そんなことはないさ」

と勝手に納得して、また目をつぶる――こういう人がいるのです。

死後、迷うことなく霊界に上がるには、

「人間は死ぬと霊界に行って、この世と同じような人生を送るのだ」

と思って死ぬことです。そうすれば、スッと霊界に上がれるのです。死んだということの自覚の有無《うむ》――これが、霊としてさまようか否《いな》かの分かれ目になるのです。

ちなみに、さまよっている霊に死を納得させるには、きちんと口で説明してあげればよいのです。

イヤなものを見たり聞いたりしたとき、それを忘れる〝二つの方法〟

Q 僕は大学を目指す浪人生ですが、先日電車の飛び込み自殺を見てしまいました。それ以来、現場の様子が頭にこびりついて、勉強がはかどりません。何とか気持ちを鎮《しず》める方法はないでしょうか?

——(大阪府　匿名希望の予備校生/男)

深見●二つの方法をお勧《すす》めします。一つは呪文《じゅもん》①を唱える方法です。嫌《いや》なものを見たり聞いたり言ったりしたときに、これをスーッと消す呪文があるのです。

それは、「光明真言《こうみょうしんごん》」という呪文で、

「オン　アボキャ　ベイロシャノウ　マカボダラ　マニハンドマ　ジンバラ　ハラバリタヤウン」

と三十回、四十回と繰り返して唱えているうちに、嫌な記憶はスッと消えていきます。

手っ取り早い方法ですが、呪文ですから人前では声に出して唱《とな》えにくい場合があります。そんなときは、もう一つの方法があります。それは、眉間《みけん》（眉毛と眉毛の間）に印堂《いんどう》という雑念妄想・妄像消しのツボがあるのですが、そのツボに意識を集中して、

「ないないないないないないない、そんなものはないないないない……」

と言い聞かせるのです。一、二秒で、嫌なシーンがスッと消えます。

《用語解説》

①**呪文**《じゅもん》……唱えることで神秘的《しんぴてき》効果のある文言。西洋では「アーメン」がもっとも一般的な魔除《まよけ》の呪文だが、呪い、魔よけ、治療、願いごとなど様々なケースに応じて多くの呪文が存在する。

後光《ごこう》について（色で見るその人の才能、個性について）

Q 後光《ごこう》が射《さ》すという言葉があって、ヨーロッパの宗教画のキリストの頭上に光の輪が描かれたりしていますが、本当にそんな事があるのでしょうか？

——（大阪市阿倍野区　K・T、二十一歳／女）

深見●光の輪はキリストだけでなく、仏像のまわりにもありますが、後光《ごこう》が射《さ》すのは、霊的ランクで言えば「上の下」くらいからです。真ん中以下の人に後光が射すことはありません。「地獄霊に後光が射す」などということは絶対になく、低い霊界は真っ暗です。

「後光」は霊に対して使う言葉で、一般の人の場合はオーラと言います。オーラの光は、霊体と肉体がぶつかり合って、中にある霊体が輝いているのです。人生に前向きで、人間として魅力的で、しかも強い念を持っている人は、体中から霊体の光（オーラ）が発しているのです。しかし、これが後光という霊的なものになると、大きく三つの種類に分かれます。

まず第一番目は、霊の持つ想念《そうねん》①の波動による光です。霊的ランクで言えば「上の下」くらいからの霊が持っているもので、たとえば情熱的な人は真っ赤ですし、学問のある人は黄色、心の悩みや葛藤《かっとう》を超えて信仰を獲得した人は紫というように、本人の想念や、いつも抱いている想いの波動が色のついた後光となって発せられているのです。ちなみに最上ランクの人の後光は、白金色《はっきんいろ》です。真っ白い中に黄金色が上品に輝いて、これぞ光り輝く後光です。

次に第二番目として、背後霊《はいごれい》が輝く光となっていることがあります。こういう人は、非常に霊格の高い人が背後霊として守護している場合が多く、背後霊の輝きが後光となって光っているのです。

第三番目は、後光が射すというよりも、どことなく顔の輝きが違うという人のケースです。こういう人は、生まれたときに神様に徳分をいただいているのです。このタイプの人は、私が会った中では、たとえば横尾忠則《よこおただのり》さんなんかがそうです。顔に何とも言えないような光があるのですが、それは背後霊の輝きではなく、生まれながらに徳分を授かった人の持つ輝きなのです。
以上の三種類が、後光と言われるものの正体であり、本質なのです。

《用語解説》

①**想念《そうねん》**……想念とは〝想い〟である。想念は人間だけでなく動植物のすべてに存在する。

お守りが複数になると、神様同士《かみさまどうし》が争わないのでしょうか？

Q 知人などからいただいたりして、お守りが複数になることがありますが、お守り同士の相性が悪いということはないのでしょうか。
――（岐阜市　Y・Y／女）

深見●なるほど。たとえば、男女が「一緒になる」というお守りと、「別れる」

というお守りの両方を持っていた場合、どうなるか、ですね。

まず、お守りとは何かと言えば、人を幸せにするために神様が御守護してくださるものです。だから「お守り」と呼ぶわけですから、お守り同士で相性が悪いといったことはありません。

ならば、相反《あいはん》するお守り――たとえば「静かになる」というお守りと「積極的になる」というお守り、あるいは「早く別れる」というお守りと「すぐ一緒になる」というお守りを併せ持っていた場合はどうなるか。

力の強いほうのお守りが勝つ？

違います。お守り同士がケンカするのではなく、その人にふさわしい作用のものが出てくるのです。別れたほうがよいと神様が判断なされば別れるでしょうし、逆であれば一緒になるというわけです。

よく「神様同士は仲が悪いんですか」とか「ケンカしないんですか」といった質問を受けますが、御神霊というものは〝和《わ》を以《もつ》て貴《とうと》しとなす〟で、高級霊になってくると、争うとかいがみ合うということはまずありません。和と謙譲《けんじょう》と平和と愛で満ちているのです。

ただし、同じお守りでも例外があるので注意してください。それは、動物霊を神様の御本体としてお祀《まつ》りしている神社のお守りです。お守りに動物霊の分魂《わけみたま》が宿《やど》っているわけですが、非常にプライドが高く自尊心が強いので、お守りの霊同士が葛藤したり、戦ったりいがみ合ったりしてマイナス作用を及ぼすことがあります。じゅうぶん注意してください。

なお、お守りは、何年も放置しておくと邪気《じゃき》①が入ってきますので、一、二年たったら新しいものに替えてください。そのほうがすがすがしくて気持ちがいいと思います。

《用語解説》

①**邪気**《じゃき》……神気を害する悪い霊気。

十二

現実的《げんじつてき》
恋愛《れんあい》
アドバイス

浮気《うわき》っぽい男性とヨリを戻《もど》したが、今後、大丈夫《だいじょうぶ》か……。

Q

二年前、彼と別れました。他に好きな女性ができたことが原因でした。その後、彼は何人もの女性と噂《うわさ》がありましたが、今年になって私とヨリを戻しました。しかし、前の女性たちと完全に切れていないようなのです。このまま彼と交際を続け、結婚をしてもよいのでしょうか、それともきっぱり別れてしまったほうがよいのでしょうか。一緒にいるときは本当にやさしい男性です。

――（兵庫県小野市　匿名希望、二十一歳／女）

深見●「やさしい」という言葉は、とても語感がよく、しかも善なるものと思われています。要するに誉《ほ》め言葉なわけですが、これは大きな誤解です。「やさしい人」とは、情が濃《こ》く、知性・教養という意志力で感情が抑制《よくせい》できない人のことを言うのです。

男性も女性も、やさしい人というのは、「あの人、ちょっと素敵だな」と思ったら、そのままフラフラとのめり込んでしまうのです。そして、「やさしい」と言われるタイプは、結婚してもたえず浮気問題《うわきもんだい》を起こします。家にも帰って来ないし、不幸が予想されます。

これに対して、意志も強く、教養と知性もあって、自分の感情をきちんとコントロールできる人は違います。ちょっとしたキッカケで、フラフラと異性にのめり込むことはもちろんありませんし、実際、交際していても、「結婚相手は本当にこの人なんだろうか？　他にいるかも知れない」と自問し、その答を求めて他の女性といろいろ交際したりします。これは浮気ではなく、それだけ結婚に対して真剣であるということなのです。

そして、いろいろ他の女性と交際したけれども、「やはりこの人しかいない」と確信してヨリを戻してきたときは、素直に愛を受け入れて結婚するのがいいでしょう。結婚しても、妻の座を大切にしてくれますし、何か不測《ふそく》の事態が起こっても、自分の責任で処理をして、家庭生活にヒビが入らないようにちゃんと考えてくれます。

したがって、この相談に対する解答は、彼の教養、知性、そして意志の力があるかないか客観的に判断したうえで、「ある」となれば、結婚に踏み切ってもいいと思います。

大好きな男性に恋心《こいごころ》を打ち明けたら、それ以来、気まずくなって……。

Q

私には同じクラスに大好きな男の子がいます。彼のやさしさや、ものごとに対する真剣《しんけん》さにひかれ、三カ月前、「つき合ってください」と打ち明けました。しかし、「そんな気はない」と断られてしまいました。それ以来、顔を合わせても言葉すら交わさなくなりました。私の彼に対する気持ちは変わりません。今後、どうしたらよいでしょうか。

――（兵庫県西宮市　A・T、高校一年／女）

深見●どんな男性でも、女性に好意《こうい》を打ち明けられて悪い気はしないものです。一見、よそよそしくはしていますが、内心は嬉しいのです。

ただし〝熱烈《ねつれつ》な恋〟で迫ったのでは、相手が暑苦しく感じますので、良心的な思いやりと、良心的な愛情をもってアタックすることが大切です。バレンタインデーや誕生日など節々《ふしぶし》にプレゼントをしておいて、じっとチャンスを待つのがいいでしょう。

ここで言うチャンスとは、まず第一に相手の男性の失恋、第二、第三が入院と失敗です。失恋や病気、失敗などで彼が気弱《きよわ》になったときを千載一遇《せんざいいちぐう》のチャンスと見て、普段から継続している良心的な思いやりと愛情を前面に押し出していくと、彼は必ず聞いてくれます。

なぜなら、これは男性の心理だからです。あきらめないで、節々にプレゼントをして、粘り強くチャンスを待ってください。チャンスはきっと訪れるはずです。

好きな男性が全然《ぜんぜん》いない。なぜでしょうか⁉ (うまくいく結婚のポイントとは)

Q 私の悩みを聞いてください。いま二十五歳です。男性が嫌いというわけではないのですが、いい人だと思うことはあっても、とりわけ好きにはならないのです。このまま結婚せずに一生終えてしまうのでしょうか。

――(大阪府堺市　M・T／女)

深見●M・Tさんの前世は、男性ですね。だから〝同性〟である男性に対して、恋愛感情といったレベルでは夢中になれないのです。こういうタイプは多いので、別に気にすることはありません。

ちなみに前世が男性で、今世に女性として生まれてきた人は、肉体的には女性であっても、中身は男性なのです。前世では男性として、仕事や使命に生きてきましたから、今世に女性として生まれてきても、男性を見る尺度《しゃくど》が女性とは異なるのです。

恋心を抱いて燃えるより先に、男性の立場とか人格、振る舞いなどを理解してしまうのです。これでは、熱烈な恋愛は難しいですね。

もっともM・Tさんの場合は、たぶん二十五歳くらいになったら、親戚縁者《しんせきえんじゃ》やご両親がお見合いを勧め、ご自分もそれを承諾するはずです。そして趣味や特技、家庭環境が似た者同士であれば、成功率は統計的にみて九割。いい結婚ができるはずです。

恋愛偏重《へんちょう》の時代ですが、お見合い結婚だから悪いわけではありませんし、恋愛結婚だからといっていいわけでもありません。いや、むしろ恋愛結婚のほうが早く破局《はきょく》を迎えるケースが多いのです。ただ感情に走るのではなく、きちんと生活設計を立て、尊敬できる人はこうだという目安《めやす》を立て、それにそって結婚をすれば、幸せな家庭を築くことができると思います。どうか、勇気と自信を持ってください。

モテるようになる絶対法《ぜったいほう》!

パートナー●悩み相談で一番多いのは、やはり恋愛問題です。女性の場合は、「どうしたら男性と交際できるようになるでしょうか」という質問が多いのですが。

深見●恋愛の悩みは女性だけではありません。男性である私も、中学・高校時代は、どうすれば女性とおつき合いできるのだろうかと真剣に悩んだものです。

さて、こうした悩みを持っている人を観察すると、環境が大きく影響していることがわかります。たとえば、男性であるお父さんといつも楽しく会話が弾《はず》み、仲良くしている女性は、男友達といつも仲良くしています。仲良くしているうちに、自然と恋愛関係に入っていくわけですね。

ところが、お父さんがいなかったり、厳しかったり、もの静かだったり、理科系のお父さんでいつも研究に没頭しているという家庭環境では、父娘の会話は乏《とぼ》しく、もっぱらお母さんと話をすることになります。こういう女性は、女友達とはうまくいくけれども、男性に対しては敷居《しきい》が高いのです。

以上のことから、男性と楽しくおつき合いしていくには、会話が重要になってくることがおわかりいただけると思います。お父さん、お兄さんを実験材料として会話の訓練をするのです。そうすることによって、男性の中にスッとうまく溶け込んでいくことができるようになります。

それからもう一つ、こういう悩みごとを相談する人で、一番深刻なケースは、女子中・女子高・女子大と一貫して女子制の学校を出ている人です。文化祭や体育祭で、他校の男性と一緒に作業をした経験があれば別ですが、女性だけの環境で育った人は、男性に対して過度に期待や夢を抱いてしまうのです。

「こんな素晴らしい女性が、よくもまあこんな男と結婚したものだ」

といったカップルの場合は、ほとんどがこのタイプで、結婚した理由を尋ねてみると、

「最初におつき合いした人だったから、いいと思って……」

と異口同音《いくどうおん》に語ります。

男性のいない環境で純粋培養《じゅんすいばいよう》された女性は、男性に対して過度の期待をする

か、過度に敬遠《けいえん》するかのどっちかのケースが多いです。過度に期待して結婚した女性は、現実とのギャップにガッカリして、結婚生活は破綻します。逆に過度に敬遠する女性は、相手の男性が本当はいい人であるにもかかわらず、

「あの人はイヤらしい」

と敬遠してしまう。

このように、環境が大いに影響するのです。

さて結論として、どういったタイプの女性が男性とうまく交際できているかを、男性の立場で言うと、①明るく、②あたたかく、③ほっそりとしてスマート——ということになります。陸上部の女の子なんか、よくモテているはずです。反対に、暗くて冷たい女の子はあまり男性とおつき合いがない場合が多いのです。

明るく、あたたかく、スマートというのは、性格面もありますけれども、ポイントは会話です。それほど美人でなくても、ちょっぴり太り気味でも、会話がとても明るく、表情が豊かであたたか味を感じれば、男性も心地よくて、

「こんな女性といつも暮らせたらいいなあ」

「こんな女性とおつき合いできたらいいな」

と思うのです。
性格は明るくても、相手の気持ちを逆撫《さかな》でするようなことばかり言う女性は、当然ながら敬遠されます。
表情がいつも生き生きとして、会話がいつも弾んでいて、エネルギッシュで、しかも性格はあたたかい。こんな女性こそ、男性の憧《あこが》れの的なのです。

パートナー●鏡を見て笑顔の研究もしたほうがいいかもしれませんね。

深見●「明るくて、あたたかくて、いいな、いいな」という性格をイメージさせるような顔づくりですね。もちろん、お化粧技術で明るさを表現してもいいし、洋服も、明るくてあたたか味のある色は男性の心をとらえます。さあ、みなさん、「断《ことわ》っても、断っても、また今日もプロポーズされて困っちゃう」という悩みごとを、青春の思い出の一ページとして日記に書いてみたいと思いませんか？　明るく、あたたかく、スマートに——。モテモテの秘訣《ひけつ》はこの三つなのです。

高校時代に二十歳以上年上の、妻子ある男性の先生を好きになってしまい、いまも忘れられない……。

Q

私は高校生のとき、二十歳近くも歳が離れている、妻子ある先生を好きになってしまいました。いまでも先生のことが忘れられません。将来、この人以上に好きになれる男性は現れるのでしょうか？　結婚はどうなるのでしょうか？

――（岐阜県　匿名希望、二十歳／女）

深見●だいじょうぶ、現れます。それよりも妻子《さいし》ある先生のことが忘れられないということのほうが心配です。なぜなら妻子ある男性というのは、女性に関しては、酸《す》いも甘《あま》いも噛み分けていますから、孔雀《くじやく》の雄《おす》が雌《めす》の前で最高に美しく羽を広げて見せるように、外に対しては魅力的《みりよくてき》にふる舞う術《すべ》を知っているのです。

しかし、いざ奥さんと離婚し、結婚して生活を共にしてみると、男性はいつま

でも孔雀の羽根を広げているわけにもいきません。素敵に見えた男性も次第に色あせ、やがてごく平凡な男性になってしまい、

「こんなはずじゃなかった」

と、女性はガッカリすることになります。どんなにその先生が魅力的に見えていても、そういうことを考え、冷静に見ることが大切です。

女性に恋心があり、相手の男性がうんと年上ということは、それだけ女性に対する扱いがうまいということです。

「君はきれいだね」

と耳もとで甘くささやくテクニックも知っていれば、一流ホテルのレストランで食事をご馳走《ちそう》する経済力もあります。そういう面では、若い男性はとても太刀《たち》打《う》ちできませんし、女性は同世代の男性にものたりなさを覚えるでしょう。だから、妻子ある年上の男性を好きになった過程には、人物像だけでなく、そういった場面があったはずです。

が、しかし、この先生だって若いときがあったのです。そのときは、同世代の女性はものたりなさを覚えたはずです。男女の仲はそういうものだということを

きちんと考えた上で、結婚問題は考える必要があるのです。単にその先生が好きか嫌いかだけで自分の人生を考えていくと、後悔することになります。

ハッキリ言えば、質問者の匿名《とくめい》希望さんは、先生が忘れられないなどと甘ったれたことをおっしゃっていますが、そんな関係が続いていかないよう努力すべきなのです。

十二

よろず相談《そうだん》Q&A

いろいろ懸賞《けんしょう》に当たる運の強い私は、運を使い果たしてしまうのでは？

Q

実は、僕はとても運が強く、懸賞等に応募《おうぼ》すると必ず当たるのです。今までに五十個以上賞品をもらっています。運が強いのは嬉《うれ》しいんですが、問題は、運がなくならないかです。いま運をつかい過ぎてしまい、大人になったら不運になるということはないんでしょうか。

――（愛知県海部郡　Ｈ・Ｙ、十六歳／男）

深見●お金と同様、運もつかい過ぎたらなくなってしまいます。ただし、お金のつかい方に〝死に金〟と〝生き金〟があるように、運にも〝死に運〟と〝生き運〟とがあり、つかい方次第で無くなりもすれば増えもするのです。

〝死に運〟とは、つかえば無くなってしまうようなものにつかうことです。たとえば相談者のH・Y君のように懸賞につかってしまう場合です。賞品が当たっても、それは消費すれば終わりです。賞品が増えるぶんだけ、実は運はどんどん無くなってしまっていることに気がつかない。運の浪費《ろうひ》ですね。

これに対して〝生き運〟は、つかった運を活用して、さらに大きな運に育てるというつかい方です。お金に置き換《か》えて言えば、定期預金にして、増えた金利《きんり》をさらに預金に足して増やしていくという方法です。

では、運を増やすためには、何につかうのがいいか?

それは徳分《とくぶん》を積むことにつかうことです。

人のためによかれと思うことにつかうと、それが徳分となり、徳分を積み立てることによって、人生の後半や来世において、利子による優雅《ゆうが》で幸せな生活を送ることができるのです。運も、お金のつかい方と同じなのです。

一般的に、運は人によってめぐってくる年代が違います。質問者のY君のように、若いころに運がめぐってくるものを初年運《しょねんうん》（早年運《そうねんうん》）と言います。だいたい二十五歳ぐらいまでです。そして二十五歳から還暦《かんれき》のちょっと前までにめぐってくる運を中年運《ちゅうねんうん》、晩年になるにしたがって運がよくなるのを晩年運《ばんねんうん》と言います。

そして人は誰でも――運の強弱はありますが――初年運、中年運、晩年運のどれかに当てはまります。若い人で、自分は運が悪いと思っている人は中年運、中年で運がよくない人は晩年運、晩年になってなお運に恵まれない人は、来世に運が向いてくると思ってください。そうすれば、日々の生活が絶えず前向きになるはずです。前向きになれば、少なくとも、いまよりは幸せになるはずです。

パートナー●歴史に登場する英雄は、生まれつき強運の星を背負っているようですが。

深見●人間は、生まれたときに前世から引《ひ》き継《つ》ぐ徳分の絶対量が決まっているのです。

初年運から晩年運まですべてがよかったという人は、生まれたときの徳分の絶対量が多いのです。反対に、青年時代は華々しく活躍して将来を嘱望《しょくぼう》されながら、結局、大したことのない人とか、大器晩成《たいきばんせい》型と言われながら未完で終わった人というのは、徳分の絶対量が少ないのです。

徳分の絶対量は、自分が前世でどれだけ人のために良いことをしたか、自分の御魂をいかに磨いたかによるので、いかんともしがたいものですが、それを引き継いだ今世において無駄につかってはいけません。使い捨てなどもってのほかで、徳分は今世においても預金し、積み重ねていくことが大事です。たとえば、若いころに武術《ぶじゅつ》や芸術に打ち込んで心身の鍛錬《たんれん》をするとか、勉強していい学校に入るとか、素敵な友人を持つとか、とにかく徳分を積み重ねるほうへ運をつかっていくと、たとえ本来は運のよくない時期においても、平均以上の幸せで楽しい人生が続くのです。

友人とトラブルばかり、なぜ?（誤解《ごかい》を解《と》く法）

Q

最近、友達関係でトラブルばかり起きています。仲のよかった友達に嫌われたり、私のせいで悪い方へ悪い方へとことが進んでしまったり、私の言ったことがヘンに伝わったりと散々です。人の誤解を取り除くにはどうしたらよいでしょうか。

——（静岡県静岡市　K・Y、十七歳／女）

深見●いろいろ原因があるでしょうが、やはり、ものの言い方に気をつけるべきでしょう。人の欠点を言ってはならないことはもちろん、断定的な表現は避けて、

「……かもしれませんね」

「……だと思います」

と婉曲的《えんきょくてき》な表現でやわらげておけば、たとえ誤解されてもたいして問題はないと思います。

ただし、ご質問にあるように、最近、突如《とつじょ》としてそうなった場合は要注意です。お墓などで、変な霊がひょいと憑霊《ひょうれい》したときに起きる場合があるからです。良い霊が憑くと、やることなすこと誤解の逆で、周囲はいいように、いいように受け取ってくれますが、悪い霊が憑くと、すべてが悪いように、悪いように受け取られてしまうのです。したがって、ご質問のケースは、悪い霊が憑いた可能性が高いと言えます。

では、こういう場合はどう対処すればいいか。良い霊を吸収し、その力で悪い霊に勝てばいいわけです。具体的には、近くの産土神社《うぶすなじんじゃ》へお参りするといいです。

一番のお勧めは、森があって、神主様《かんぬしさま》がいて、すがすがしい感じがする神社です。こういう神社にはご神霊《しんれい》がいて、非常に強力な神力《しんりき》を持っておりますので、場所を調べてお参りしてください。

「遠くの親戚よりも、近くの他人」

と言いますが、遠くの良い神社よりも近くの産土様《うぶすなさま》の方が、親身《しんみ》になって守護してくださるのです。

お参りの方法は、神前に手を合わせ、

「私は最近、こういう事情があります。どうか誤解されないように、そして、みんなから喜んでもらえるようになりますように」

と、神様の前ではっきりと口に出してお祈りしてください。

お参りの日数は、神社のお参りは昔から七日、十四日、二十一日と、七の倍数になっています。時間がない人は七日から始めてください。そして十四日、二十一日というように日にちを切っていくと、神様もハッキリとした形でお力を出してくださいます。

もし変な霊が憑いていたなら、七日目か十四日目か二十一日目にスーッと心が晴れて、「なんだか知らないけれども、友達が好意的に自分の方へ向かってくれる」――という状態になります。これは、良い霊が自分の周辺にしっかりとついて、悪い霊を追っ払ってくれたからです。質問者のK・Yさんには、この方法をお勧めします。

カッとなりやすい性格を直《なお》したい（一霊四魂《いちれいしこん》とは）

Q

僕はすぐカッとなる性格で、ついついケンカをしてしまいます。一度頭に血が上ると見境《みさかい》がつかなくなり、気がつくと、友達を殴《なぐ》り飛《と》ばしていたということが何度もあります。後から人一倍後悔するのですが、そのときは文字通り後の祭りです。カッとなった気を鎮《しず》めるいい方法はないでしょうか。

――（岐阜県岐阜市　Y・Oさん、十八歳／男）

深見●いろいろ原因はあるのですが、それはひとまず措いて、まず解決策をお話ししましょう。手っ取り早いのは、カッときたときに、深呼吸をする習慣をつけることです。

「カッときたら深呼吸、カッときたら深呼吸……」

と普段から自分に言い聞かせておくと、カッときた、そうだ深呼吸——と条件反射《じょうけんはんしゃ》になります。

ただし注意すべきは、深呼吸は息を吐《は》くことから始めてください。最初に息を大きく吸ってしまうと、また殴《なぐ》りたくなってしまうのです。ためしに動作をやってみればわかりますが、人を殴るときは思い切り息を吸い込み、呼吸は止めているはずです。

だから最初にハァーと息を吐くのです。息を吐いたときは血圧も下がり、感情も鎮静化《ちんせい》するので、そんなに腹は立たないものです。最初に息を吐き、吐き切って気持ちが落ちついてから、深く息を吸い、何回か深呼吸をくり返すのがいいでしょう。気持ちが鎮まり、感情よりも知性の落ちつきが出てきます。

しかし感情は鎮《しず》まっても、腹を立てた内容と原因に対して沸々《ふつふつ》と怒りがこみ上げてきて許せないという場合もあります。そのときは、怒りを鎮める手っ取り早い呪文《じゅもん》があります。

それは、

「奇魂《くしみたま》荒魂《あらみたま》、鎮《しず》まりなさい」

という呪文です。

人間の魂（霊）は、和魂《にぎみたま》・奇魂《くしみたま》・幸魂《さきみたま》・荒魂《あらみたま》の四つの働きを持ちます。これを「一霊四魂《いちれいしこん》」①と神道では言うのですが、カーッと頭に血が上るのは、奇魂《くしみたま》と荒魂《あらみたま》が関係します。

奇魂《くしみたま》は発想と閃《ひらめ》きですが、これが出すぎると神経が過敏になり、ヒステリックになってしまいます。また、荒魂《あらみたま》は勇気となって出てくるもので、勇敢《ゆうかん》な人物というのは荒魂が発達していますが、これも度が過ぎると蛮勇《ばんゆう》になり、暴力を振るいたくなってくるのです。

奇魂《くしみたま》が度を越して出始めると、忍耐力《にんたいりょく》が大事になってきます。奇魂《くしみたま》によって忍耐力がうまく働けば荒魂はおさまりますが、神経が過敏になっていると忍耐力は働かず、荒魂が外へ出てきて蛮勇になってしまう。すなわち、荒魂《あらみたま》と奇魂《くしみたま》の統制が取れていないことが、カーッとしてケンカにいたる原因になっているのです。

だから、

「奇魂《くしみたま》荒魂《あらみたま》、鎮《しず》まりなさい」

という呪文を唱え、息をゆっくり吐いてから深呼吸すれば、気持ちがスーッと鎮まってきて、

「こんなことで腹を立てることもないや。相手には相手の言い分があるんだし」

という余裕が出てくるのです。

《用語解説》

①**一霊四魂《いちれいしこん》**……四魂とは荒魂《あらみたま》・和魂《にぎみたま》・幸魂《さきみたま》・奇魂《くしみたま》の四つのことで、神様から授けられた霊魂の働きを言う。荒魂とは「勇《ゆう》」であり、「勇猛《ゆうもう》」であって、これを裏返せば「隠忍《いんにん》自重《じちょう》」となる。そして、人体では筋肉や肉体を総称《そうしょう》するもの。和魂は「親」であり「和」であって、人体では内臓器官を意味し、幸魂は「愛情」であり「感情」であって、人体では精神、心となる。奇魂は「智」であり、四魂全体の統率《とうそつ》をなし、「霊智《れいち》、霊感《れいかん》、ひらめき」をつかさどっ

ている。

高校に入ってから性格が暗くなったのですが……。

Q

私は今年の春、大学に入学しました。中学までは元気で明るい性格でしたが、高校に入ってから、ケガをしたり、受験勉強で体調を崩《くず》したりして、よく学校を休むようになりました。それからというもの、気持ちまで暗くなったような気がします。いまの性格をまた元のように明るくすることができるでしょうか。——（東京都八王子市　M、十八歳／男）

深見●大丈夫、また元のように明るくなります。と言うのも、M君は二年後の二十歳で守護霊が交替《こうたい》するからです。守護霊が交替する時期というのは、悩んだり葛藤したり、自分という人間がどうしようもないように思えたりすることがあるのです。

そして、さんざん悩み苦しんだ末に、

「よし、僕はこういうふうに生きるんだ」

と決心した瞬間から守護霊の応援が得られるので、人生は明るく前向きになっていくはずです。

ただ人生というのは、いくら明るく前向きに生きても、楽天主義だけでは越せない壁というものがあります。中学も高校も大学もずっと明るく、楽天的な一生を送った人には、中味のない人が多いのも事実です。

だから、「青春とは、ふと寂《さび》しくなりぬ」――悩み、葛藤する時期があるから、内面を見つめることができるのです。青春時代はそれでいいと私は思います。もちろんネクラがいいとは言いませんが、だからといってネアカがいいとも限りません。そう思って吹っ切れば、性格はパッと変わります。

もし、どうしても性格を明るくしたいという場合は、肉体を使ってストレスを発散することです。スポーツに没入するのが早道です。「テニスをやっています」「スキーをやっています」「バスケットをやっています」と言う人で暗い人はあまりいませんから。肉体を使ってストレスを発散すると、誰でも明るくなるのです。

予言について

パートナー●予言の意味と役割について教えてください。

深見●たとえば、あなたが母親だとして、自分の子供がストーブのほうへヨチヨチ歩いて行ったとします。ストーブの上にはヤカンがあって、湯を沸《わ》かしている。このまま行けば、ストーブにぶつかって大ヤケドをするかもしれません。

あなたなら、どうしますか?

たいていの母親は、

「危ないわよ、火傷《やけど》するわよ、ほら、危ない!」

と注意して、子供がハッとストーブに気がついたらヤケドをしないですみます。この母親の警告に当たるものが、本来の予言なのです。

では、質問の角度を変えて、母親であるあなたが「危ないわよ」と警告を発したにもかかわらず、不幸にして子供がヤケドしてしまった場合、あなたは何と言いますか？

「ほら、やっぱりお母さんの言ったとおりでしょう。私の予言はピッタリ当たるんだから」

と自慢しますか？

そんな親がいるわけはありません。

それと同じで、神様は「親」であり、私たちは「子供」なのです。ヤケドして欲しくないから、親たる神様は、子供たる私たちに予言し警告してくださる。これが予言というものの正しい解釈なのです。

悪い予言は当たらない努力をし、良い予言はさらに十倍良くしていただくよう神々様にお願いをしましょう。伊勢神宮《いせじんぐう》に初詣《はつもうで》をするもよし、守護霊にお願いするもよし。予言に振《ふ》り回される人は、結局、「なぜ神様が予言をなさるのか」という神様の御心の奥を知らないがために、当たる当たらないで一喜一憂《いっきいちゆう》することになるのです。

先祖《せんぞ》供養《くよう》はしなくてはならないか？

Q

私の父は次男のため、祖父祖母の位牌《いはい》が長男である伯父《おじ》の所にあります。こうした場合、私の家の仏壇《ぶつだん》にもう一つ、先祖代々の位牌を作って先祖供養をおこなってもよいのでしょうか。

――（千葉県木更津市　M・A／男）

深見●構いませんが、先祖供養はやり過ぎないほうがいいというのが私の持論《じろん》です。不思議なことに、先祖供養を一生懸命やっている人に限って、あっちが具合悪い、こっちが具合悪いと身体の不調を訴える。反対に、「先祖なんかクソ食らえ」だと思ってマイペースで生きている人が、健康でバリバリ働いていて、しかも運がいい。この矛盾に私は気がついたのです。

結局、信仰深い人というのは、供養したときに霊（先祖）が助けを求めて来るのです。良い先祖だけならいいのですが、悪い霊もたくさんいます。悪い霊が憑くと、その悪い部分をもらってしまうため、あっちが具合悪い、こっちが具合悪いということになるのです。

人間は、先祖供養をするために生まれてきたわけではありません。自分の天命、魂を磨くために生まれてきたのです。「先祖」よりまず「自分」です。だから人生設計をしっかりと立て、己を磨き、社会に貢献《こうけん》していったなら、仏壇にさえ降りて来ないような高級霊（守護霊）がついてくれます。高級霊（守護霊）は人間の肉体に瞬時に移動できますから、仏壇を必要としないのです。自分の天命に従い、人間として立派に生きていけば、高級霊が守護してくださっているので、道はおのずと開けていくことになります。

ただし、お盆や回忌供養《かいきくよう》①のときは、先祖供養をして構いません。このときは、神様が霊たちに対して、「来てもよろしい」と許可を出しているからです。ポイントを押さえた先祖供養の場合は、良い先祖も応援してくれます。でも、だからといって、無理して先祖供養をする必要はありません。やりたくなければ、やらなくても結構です。むしろ、過剰になるのことのほうを気をつけてください。

次に、先祖代々の位牌《いはい》②を祀《まつ》る問題です。一般的に、位牌は長男の家にあったほうがいい場合が多いのですが、いろいろ問題が起こる家であれば、仏壇をお祀りするのも一法です。ゴタゴタがパッとおさまったりします。

ただし仏壇は、きちんと位牌を置いてお給仕《きゅうじ》して、いつもきれいに明るくしておかなければ邪霊が来ます。たとえば〝プリッツ〟をお供《そな》えする場合は、銀紙を外してあげます。ミカンならそのままあげる。リンゴなら皮を剥《む》いて、生きている人間が食べるようにして、

「どうぞお召し上がりください」

と言ってお供えし、十分か二十分で下げます。いつまでもお供えしておくと、浮遊霊《ふゆうれい》③が来たりすることがあるからです。

《用語解説》

①**回忌供養**《かいきくよう》……回忌《かいき》とは、人の死後、年ごとにめぐってくる祥月命日《しょうつきめいにち》の忌日《きじつ》。年忌法要《ねんきほうよう》とも言う。一周忌、三回忌、七回忌、十三回忌、十七回忌、二十三回忌、二十七回忌、三十三回

忌、あとは五十年ごとに五十回忌、百回忌を行う。
②位牌《いはい》……死んだ人の戒名を書いた木札。
③浮遊霊《ふゆうれい》……人間は死ぬと幽界《ゆうかい》へ行くが、現世に未練《みれん》がある人など、約五十日間に限り、霊界の入口でさまようことが許されている。この猶予《ゆうよ》期間を過ぎると、半ば強制的に幽界に連れていかれて閻魔庁《えんまちょう》の裁判を受けさせられるが、中には五十日を過ぎても霊界の入口に留まり、幽界に入ろうとしない頑固《がんこ》な霊もいる。これが浮遊霊であり、いわゆる幽霊と総称される。幽霊とは、霊界の法則に反して化けて出る霊のことなのである。

Q 極度《きょくど》のアガリ性なのですが……。

僕は極度のアガリ性で困っています。人と話すときも、真っ赤になって何も話せなくなってしまいます。この性格を治すのにはどうしたらよいでしょうか。

——（埼玉県浦和市　O・T／男）

深見●最近は、こういう悩みを持った人が多いようなので、アドバイスとして勝《かつ》海舟《かいしゅう》のことをお話ししましょう。

勝海舟と言えば、幕府陸軍総裁《ばくふりくぐんそうさい》として官軍江戸城総攻撃《かんぐんえどじょうそうこうげき》の前日に西郷隆盛《さいごうたかもり》と交渉、無血開城《むけつかいじょう》に尽力《じんりょく》した人物としてあまりに有名です。また咸臨丸《かんりんまる》の艦長《かんちょう》として遣米使節《けんべいしせつ》とともに太平洋を横断したことでも知られていますが、彼の人物評価の一つに交渉上手《こうしょうじょうず》というのがあります。

実際、勝海舟自身が『氷川清話《ひかわせいわ》』の中で、

「外交交渉《がいこうこうしょう》で人に会って、一度も失敗しなかった」

と語っています。

勝海舟が交渉上手である秘訣は何であるかと言えば、

「明鏡止水《めいきょうしすい》の心で交渉に臨《のぞ》む」

というものです。

「明鏡」というのは、水がピタリととどまって、鏡のようになっている状態を言います。そしてこの〝水の鏡〟は、空に月が出れば月を、星が出れば星を映す。つまり、「明鏡止水の心で交渉に臨む」とは、明鏡のごとく何も思わないで相手と向かい合うことを言うのです。

「あの話をして、この話をして、ああ言って、こう言って……」

よく思われよう、うまく話してやろうと肩に力が入るから、相手の予期せぬ反応が来たときにドギマギし、状況判断《じょうきょうはんだん》が鈍くなってしまうわけです。

もし、話をしていてドギマギしたり、アガっていると感じたら、自分にこう言って聞かせるのです。

「明鏡止水、明鏡止水、無でいくんだ、よく思われようと考えてはいけない」

スーッと気持ちが落ち着いてくるはずです。

パートナー●でも、最初はどうしてもドギマギしてしまうのではないでしょうか。

深見●ですから、私は明鏡止水は心の技術だと言うのです。明鏡が月の姿を映すがごとく、相手に応じて自分を変化させていく。これが心の技術であり、これが発達していくと、アガるとか、落ち込むといった心の動揺がピタリとコントロールできるようになるのです。それを会得《えとく》する練習は、初めの一歩が難しいけれども、最初がうまくいくと、後はスーッといきます。ぜひ、チャレンジして欲しいと思います。

もう一つ、アガらないコツをお教えしましょう。それは、大きな声で話をすることです。なぜなら、大声で話をする人で、ドキドキしている人はいないからです。逆を言えば、人と会って赤面したり、しどろもどろになったり、アガってしまう人は、みんな声が小さいということでもあります。

だから、ドキドキしようが、顔が真っ赤になろうが、相手と顔を合わせたら、まず最初に、

「おはようございます」

「こんにちは」

と、腹に力を入れ、大きな声を出してください。すると、あら不思議。スーッと気持ちが落ち着いてくるのがわかるはずです。

これもまた心の技術の一つなのです。

十三

受験生の成績アップ秘伝《ひでん》

受験生なのですが、テストのときに眠くなる。その原因は？（水子霊《みずこれい》について）

Q

私はいま高校三年生で、医学部を目指して受験勉強中です。ですが、最近テスト中にモヤモヤしたものが頭の上にかぶさってきて、限りなく頭の働きが鈍ってしまいます。とても眠いのです。テスト中は答案《とうあん》を書くよりも、それと闘《たたか》っているという感じなのですが、これはいったいどうしてなんでしょうか。

――（北海道札幌市　Y／男）

深見●受験生で、理由もなく、いざというときにモヤモヤしたり頭が鈍いといった場合は、水子《みずこ》の霊《れい》①が邪魔をしている場合が多いので注意してください。

パートナー●しかし、先生、相談者は高校三年生ですけど……。

深見●本人の水子という意味ではなく、Ｙさんの場合はお母さんです。おそらく

Yさんの下の子——弟か妹が水子になっているはずです。

では、なぜ水子が兄弟に憑《つ》いて邪魔をするのかと言えば、それは嫉妬《しっと》です。犬を飼うのと同じで、すでに飼っているところへもう一匹新しい犬を飼うと、いくら同じように可愛がっていても先輩犬は嫉妬します。水子の霊も同じで、いくら供養していても、

「お兄ちゃんばっかり。どうして私は可愛がってもらえないの」

と嫉妬《しっと》するのです。

水子の霊は、お母さんを恨《うら》んでいます。兄弟を妬《ねた》んでいます。だから、ここ一番の大切なテストのときに、そうやって邪魔をするのです。水子はそれほど高度な理解力はありませんが、妊娠して三カ月経つと〝想いの世界〟を持っていますから、情感と感情はちゃんと備わっているのです。

頭をすっきりさせる解決法としては、霊的方法とイメージトレーニングの二つがあります。霊的方法は、水子をきちんと供養することで嫉妬から解放するのです。イメージトレーニングについては、私の『強運』（たちばな出版刊）という本の中で、スポーツ選手を例にくわしく書いてありますが、要するに、

「自分は本番に強いんだ」

「テスト中は頭が特に冴《さ》えるんだ」

と自分で信じ、友達にもそれを告げ、テストがスーッとできたというイメージをいつも思い浮かべることで、自己暗示をかけるのです。

いまやスポーツ界では、イメージトレーニングは不可欠の重要な練習法になっていますが、スポーツ選手も受験生も自分との戦いということにおいて、克服すべきテーマは同じです。だからイメージトレーニングがよく効くのです。

イメージトレーニングは、一回や二回で成果が出なくてもあきらめないでください。三回目、四回目、五回目と継続するうちに効果は表れてきます。特に受験生の場合は、真剣勝負の日々ですから、みるみるうちに本番で強い人間になります。

パートナー●勉強をしたくないときも、「自分は集中できるんだ」と思えば、集中できるようになりますか?

深見●なります。そのためには、「本来、私は、集中がよくできる性質なんだ」と、友達に告げることです。

「ウソだろう」

と、友達が言えば、

「いや、本当さ。テストが特に強いんだ」

と言い返す。実際はそうでなくても、そうだ、と断言《だんげん》するのです。これも一回や二回で効果が表れなくても、三回、四回と継続していけば、やがて言ったとおりになります。

「そうなんだ、本当なんだ」

と自分に言い聞かせ、確信して疑わないところまでいって、はじめて真のイメージトレーニングになるのです。

《用語解説》

①**水子《みずこ》の霊《れい》**……最近、水子霊のたたりを強調し、供養と称して多額《たがく》の金銭を取る悪質霊能者《あくしつれいのうしゃ》が多いが、水子霊がそれほど大きなたたりを引き起こすことはほとんどない。なぜなら、水子霊は成人《せいじん》の霊とくらべて念が非常に弱いので、水子霊から受ける肉体的、精神的な悪影響も小さく、特別な場合を除けば、強烈な霊障はほとんどない。しかし、水子霊がいると、そ

の家庭に様々なトラブルをひきおこす。また水子は兄弟姉妹を妬むので、兄弟ゲンカが絶えない、兄弟が異常なほど対立するというのも、水子霊が原因となっているケースが多い。なお、水子霊をつくることは要するに殺人なのであるから、神様の眼からみても、人道的見地《じんどうてきけんち》に立っても基本的に許されるべきではない。

大学受験なのに集中力がない……。(これが「奇蹟の集中力獲得法《かくとくほう》」だ!)

Q

来年は、いよいよ大学受験。志望校目指して勉強に身を入れなくてはいけないんですが、私の場合、どうしても集中力がありません。机に向かっても三十分くらいでだらけてしまいます。集中力がつくおまじないがありましたら教えてください。

——(東京都新宿区 M・H/女)

深見●集中力は、ツボの刺激とイメージ法で身につけることができます。ツボの位置は、左右それぞれの目の下の骨を結ぶ線を底辺として正三角形を描くと、眉毛と眉毛の間のちょっと上が頂点となります。ここが印堂《いんどう》というツボです。この印堂に意識を集中し、指で刺激することによって雑念妄想《ざつねんもうそう》は消え、集中力がつきます。

なぜ、おでこのツボを刺激すると集中力がつくかといえば、おでこには心を操《あやつ》る魂が宿《やど》っているからです。これを御魂《みたま》と言います。御魂は、魂を発動させますから、ここを刺激すれば集中力がつくのです。ちなみに、おでこが御魂で、お腹に宿っているのが腹霊《ふくれい》、胸は神霊《しんれい》となります。

以上のことから、このツボを一分間強く押していると、五時間ぐらい集中が持ちます。また、この三角点を刺激し、エネルギーを集中していると、鼻のつけ根が盛り上がってきます。観相学《かんそうがく》①ではこれを知性のある顔としますが、勉強するときも、本を読むときも、文章を書くときも、意識を集中する場所は脳ではなく、いま言った三角点です。だから、この三角点に集中力のエネルギーがすべて集まるのだと思って、押し続けてください。驚くほどの集中力がつきます。

なお、机に向かって集中する場合は、背筋がポイントになりますので、背中の筋肉を鍛《きた》えることも有効な方法です。

《用語解説》

①**観相学《かんそうがく》**……観相というのは、人相を見て、その性質・運命などを判断することで、それを体系《たいけい》づけたものが観相学。古代中国で発達したもので、顔面を左右百三十ずつの二百六十に分割《ぶんかつ》し、それぞれの色と、骨格、肉づきなどで現状と将来を見抜《みぬ》くもの。

霊界ワンポイント知識④

頭が良くなるおまじない

頭が良くなる方法があるなら、受験生ならずともぜひ知りたいところでしょう。二つあります。

一つは、頭が良くなる神にお願いする方法で、その神とは蔵王権現《ざおうごんげん》①という仏様《ほとけさま》です。蔵王権現は、精神的なものと、物質的な現実界の要素の両方を持っていて、呪文を唱えるだけで嘘《うそ》みたいに賢《かしこ》くなれます。

呪文は、「オンサーベンダラヤーソワカ」。空に向かって大きな声で、「オンサーベンダラヤーソワカ、頭良くなれ、蔵王権現」と唱えてください。大声を出すことで蔵王権現もその気になり、賢くしてくださるのです。

もう一つの方法は、守護霊にお願いする方法です。ただし、守護霊もそれぞれ役割があって、体力を強化してくれる守護霊、頭のいい守護霊、美しい守護霊などがいます。体力担当の守護霊に守護されると、健康面ではバッチリですが、勉強の成績を上げるには無理がある。そこで、「頭のいい守護霊さん、来てください」と毎日、お祈りすることです。守護霊は責任者を中心として、背後にいろんな人が控《ひか》えていますから、毎日お祈りしていると、そのうち頭のいい守護霊や、脳ミソで勝負する守護霊が出てきてくださいます。「えっ？　こんなに賢くなっていいんだろうか」と本人がびっくりするくらい頭が良くなるのです。

ちなみに智恵の仏さまとしては、文殊菩薩《もんじゅぼさつ》と普賢菩薩《ふげんぼさつ》②がよく知られています。文殊菩薩は、悟りの英知の賢さ、普賢菩薩は、現実界に根ざした怜悧《れいり》な賢さで、文殊菩薩は「卯《う》」、普賢菩薩は「辰《たつ》」を意味することから、両方の賢さを兼ね備えている人を「梲《うだつ》があがる」と言うのです。「うだつ」とは成功、出世のことで、ダメな人を「うだつがあがらない」と言うのは周《しゅう》知《ち》の通りです。

《用語解説》

①**蔵王権現**《ざおうごんげん》……奈良県吉野郡にある金峯山《きんぷせん》寺蔵王堂の本尊《ほんぞん》。昔、役行者《えんのぎょうじゃ》がこの山で修行したときに現れたと伝えられ、悪魔を降伏させる怒りの形相《ぎょうそう》を表し、全国各地に祀《まつ》られている。

②**普賢菩薩**《ふげんぼさつ》……普賢菩薩は釈迦の右（向かって左）にいる脇侍《きょうじ》。左の脇侍の文殊菩薩（69頁参照）が智慧の表現であるのに対して、悟りの実践的側面《じっせんてきそくめん》を象徴し、自らの悟りと衆生の救済を求める菩薩の理想を示すものともいわれている。右手に金剛杵《こんごうしょ》を、左手に金剛鈴《こんごうれい》を持ち、五仏《ごぶつ》の宝冠《ほうかん》をかぶって六牙《ろくが》の白象に乗った姿で表される。

十四

金縛《かなしば》り・浮遊霊《ふゆうれい》の話

金縛《かなしば》りの原因と祓《はら》い方――先祖《せんぞ》の回忌供養《かいきくよう》

Q 私は寝ているとき、毎晩三回以上、金縛《かなしば》りにかかるのです。そのため寝《ね》不足《ぶそく》が続いて昼間もボーッとした状態です。金縛りから逃れる方法はないのでしょうか?

――(北海道室蘭市　M、二十一歳/男)

深見●私の『強運』(たちばな出版刊)という本の第三章の章末に、「金縛りに効《き》く不動明王パワー」と題して、金縛りから逃《のが》れる呪文を書いてありますが、これが一番手っ取り早い方法です。意識が朦朧《もうろう》となっているときでも、意識の奥でこの呪文を唱えていると、パッと離れます。

呪文は、

「ノーマクサマンダ　バザラダンカン」

これを何回か唱えているうちに、パッと離れていくのです。

金縛りについてはよく質問を受けますが、これは地縛霊《じばくれい》①が原因です。金縛りについては意外に知られていないようなので、なぜ金縛りが起こるのか、金縛りとはいったい何なのかという疑問について答えてみたいと思います。

まず地縛霊は、大きく分けて、①土地因縁《とちいんねん》、②浮遊霊《ふゆうれい》、③生霊《いきりょう》の三種類があります。土地因縁というのは、住んでいる土地に霊がついている場合で、その霊によって金縛りにあいます。次いで浮遊霊というのは、成仏《じょうぶつ》できないでフラフラしている霊のことで、人間が夜、寝床で意識朦朧《いしきもうろう》としているときにやって来て、それで金縛りにあう場合です。

最後の生霊《いきりょう》というのは、たとえば女性に対する男性の《想い》が生霊となって現れ、金縛りにするものです。私も小・中学生のころに経験がありますが、好きな女の子のことを思い浮かべながら、

「彼女の部屋の窓を開けて飛び込んでいって、スゴロクしたら楽しいだろうな」

と思ったりすると、その想いが霊となって彼女の部屋に現れ、彼女を金縛りにしてしまうわけです。チャーミングな女性は要注意です。

質問者である室蘭のMさんの場合は、ご先祖の想いが原因になっていますので、生きている霊ではありませんが、三番目のケースに該当します。ご先祖が子孫に

伝えたいことがあって、それを子孫の一人であるMさんを金縛りにすることで気づかせようとしているのです。Mさんの金縛りは一晩のうちに三回以上という異常さから見て――おそらく間違いないと思いますが――、七回忌か十三回忌の巡りが来ているときに、ご先祖が「このままだったら子孫が供養《くよう》をしてくれないかもしれない」という危機感を抱いたものと思われます。

Mさんを金縛りにすることで、

「七回忌（十三回忌）が来るから供養して欲しい」

と知らせているのです。こうした場合、Mさんが長男で敏感な体質だったら、即、狙われます。

では、なぜ先祖が回忌巡《かいきめぐ》りにそこまでこだわるのかと言えば、実は死後三十年間は、本当の霊界に行く前の猶予《ゆうよ》期間なのです。肉体は死んでも、霊的にはまだ〝死ぬ前〟の状態です。

回忌巡りのときなどに、

「生前は故人がお世話になりまして……」

と遺族《いぞく》が挨拶しますが、霊的には死ぬ前だから、

「死前はお世話になりました」

というのが本当です。

さらに厳密に言うなら、

「故人の生前の徳を忍びまして」

という決まり文句も、その本来の意味はあまり知られていません。〝生前〟というのは、字のごとく「生まれる前」という意味ですが、では、どこに生まれるのでしょうか？　答は霊界です。生前とは「霊界に生まれる前」という意味なのです。

だから回忌巡りは、いわば故人の誕生パーティーと考えていいのです。故人は神様から許可をいただいて遊びに来ているわけですが、パーティーですから一人では来ない。霊界のフレンドを連れてきます。三回忌とか七回忌、十三回忌といったときには、供養をする側もみんなで楽しく、北海の珍味《ちんみ》などを肴《さかな》に越乃寒梅《こしのかんばい》大吟嬢《だいぎんじょう》あたりを酌《く》み交《か》わし、そこで故人が霊界のフレンドとワイワイワイワイ言いながら楽しむことで、故人は霊界の上位のランクに行けるのです。

反対に、みんなが暗い思いになるような法事であったなら、故人はあまりいいランクの霊界へは行けません。七回忌、十三回忌あたりで、霊界で本質的な精神状態が顔や姿に表れてきますが、この回忌巡りのときにどういう法事が行われたかで、故人の霊界のランクがわかるのです。

たとえて言うなら、灼熱《しゃくねつ》のカイロ支店へ単身赴任《たんしんふにん》させられた父親が、お正月に休暇で日本に帰ってきたとします。家族との団らんを楽しみにしていたのに、家族はそれぞれ、スキーだ、旅行だと自分の生活をエンジョイして、お父さんを無視している。お父さんにしてみれば、ようやく会社で許可をもらって帰って来たというのに、家族に何の受け入れ体制もなかったら腹が立つでしょう？　せっかくエジプトから日本へ帰ってきて、日本の料理が食えるぞ、と楽しみにしていたのに……。回忌巡りと故人の関係もそれと同じで、子孫を金縛りにすることで想いを告げようとしているのです。

以上のことから、Mさんが金縛りから救われるには、七回忌、十三回忌の回忌巡りにあたるご先祖がいるかいないかを調べることです。おそらく、祖父母か叔父さんで、該当する故人がいるはずです。そして、

「わかりました。何月何日に法事をやりますから」

と伝えますと、翌日からパッと金縛りは消えるでしょう。
ただし、そう言っておいて実行しなかったら、金縛りは今度は三倍ぐらいにな
って返ってきますので注意してください。

《用語解説》

①**地縛霊**《じばくれい》……この世に未練《みれん》を残して死ぬ霊は、念を残して死ぬが、その念を残す場所が土地であった場合、土地との因縁を持つので「土地因縁の霊」あるいは「地縛霊」と呼ぶ。死亡した場所とか、何かゆかりのある土地や建物などにとどまっている霊。幽霊《ゆうれい》屋《や》敷現《しきげん》象《しょう》などの原因だと考えられている。

母の亡くなった日、喪服の入っているタンスの戸が開いていたが……。

Q

昨年の十一月、実家の母が急死致しました。その日の朝、私は買い物に行こうと思い、着替えに二階に上がると、なぜかタンスの戸が開けっ放しになっているのです。きっと何かの拍子で自然に開いたんだろうと、それほど気にもかけず、買い物に出かけ、帰ってみると、父から母が危篤という突然の電話です。ふとタンスの戸が開いていたことに気づいて、思わずびっくりしてしまいました。実はそのタンスの中には、私の喪服《もふく》を入れてあったのです。そのほか、二十年前、叔父が亡くなったとき、仏壇から確かに叔父《おじ》の声で、「どうもありがとうございます」という言葉を聞いたことがあります。こういう体験をするのは霊感が強いからなのでしょうか。

――(埼玉県狭山市　T・K/女)

深見●厳密《げんみつ》に言えば、霊感が強いというのは奇魂《くしみたま》が強いのです。186ページでお話ししたように、一つの霊が動くときには、人間は奇魂、和魂、荒魂、幸魂と言う四つの魂（四魂）の働きがあるのですが、奇魂は、ひらめき、発想、霊感、インスピレーションの働きを意味します。T・Kさんは、この奇魂が発達しているわけです。

お便りでは、タンスが開いたと書いてありますが、強力な念力があれば、タンスを開けたりひっくり返すということはできますが、霊がタンスを開けることはほとんどありません。お母さんの霊がタンスを開けたとなると、これは相当に強い霊ということになりますが、それはちょっと考えられません。たぶん、「喪服を用意しなさいよ」と、お母さんの霊がかかって、無意識の内にT・Kさんが自分で開けたのでしょう。

ところがT・Kさんは、それを忘れてしまっている。自分が開けようと思って開けたわけではないからです。

それはそれとして、T・Kさんのように奇魂が強い人は、神霊界のことを気にし過ぎないことです。気にし過ぎると奇魂が過剰に敏感になり、ノイローゼ、神経過敏、ヒステリーになってしまうことがあるのです。奇魂が過敏になった場合の対処法として、163ページで深呼吸についてお話ししましたが、スポーツや掃除、洗濯など、身体を動かすことで心身のバランスを図《はか》れば、過敏になった奇魂は沈静します。

家の壁《かべ》に女の人の顔が……。（地縛霊《じばくれい》について）

Q

先生、是非《ぜひ》おうかがいしたいことがございます。家のトイレの窓の下にある白い壁に、染《し》みが出てまいりました。それがはっきりと人の顔に見えるのです。いったいこれはどういう意味なんでしょうか。〈写真同封〉

――（大阪府　S／女）

深見●（写真を手に取って）たしかに女性の顔にそっくりですね。たまたま人の顔に似るというのはよくあることですが、この写真は、Sさんがおっしゃるように、霊がいます。浮遊霊です。霊界に行くという自覚がなくてフラフラしている霊です。ちなみに、土地にそのまま居つくのが地縛霊で、霊界に行く自覚がないまま、自殺した家に居つく霊を、屋敷因縁《やしきいんねん》の霊と言います。

先祖霊では、確かに霊界に行く先祖と、霊界に行かない先祖がいますが、怨念霊というのは、恨むことに集中しているため、霊界に行くことを忘れているわけです。世の中に想いを残している霊は、想いを残す分だけ霊体が重いのです。想いがなくなって軽やかになったら、軽い風船が上にすーっと上がって行くように上の方の霊界へと上がっていけるのですが…。

パートナー●写真の霊のせいでしょうか、鳥肌《とりはだ》が立ってきました。先生、なんとかしていただけませんか。

深見●いま、写真の霊に言って聞かせているところです。おそらく、この人の家のそばに川があって、そこで事故死した霊でしょう。子供を一人連れているはずですが、なぜ壁にその霊の顔が出てくるかと言うと、家族の人が川へ行ったときに、家恋《いえこい》しさからついて来たのです。死んだという自覚がありませんから。そして、霊が居着《いつ》くと、壁から顔のような染《し》みが出てくるわけですが、こういうことはよくあるのです。

パートナー●霊を払う一番の方法は、無視することです。

深見●解決法はないのですか。

「染み？　関係ないや、こんなの」

「顔に似てるだって？　偶然だろう」

そんなのどうってことないさ、と壁を塗り替えて一切無視すれば、霊にしてみれば面白くありません。早々に隣近所か親戚の家へ移って行ってしまいます。

私のように完全に救霊とか除霊ができれば、すでに死んでしまったことを霊に言って聞かせて、霊界に送ってあげることもできますが、一般の人たちにはそれは不可能です。いや、かえって霊に取り憑かれて離れなくなってしまうので、要注意です。

ただし、たとえばそこが古戦場で、何百体、何千体も霊がいるといった場合は別です。どんなに無視しても彼らのほうが強いので、信頼できる霊能者にお願いして、除霊《じょれい》①をしていただかなければなりません。しかし浮遊霊というのは、単に霊界に行くという自覚がないままフラフラしているだけですから、「霊界に行くんだ」と霊が自覚した瞬間、スッと消えてしまいます。

《用語解説》

①**除霊**《じょれい》……深見東州氏の除霊（救霊《きゅうれい》）は、愛念と御神霊《ごしんれい》とが宿《やど》った和歌《わか》や長歌《ちょうか》を数首、数十首と連続して詠《うた》うことにより、憑依霊《ひょういれい》を悟らせ、浄化《じょうか》し、そして御神霊に許しをいただき、本来、居《い》るべき霊界へ送るもの。霊力や光エネルギーで除霊する人は多いが、和歌や長歌を詠う言霊救霊《ことだまきゅうれい》を行っているのは、おそらく深見氏お一人であろう。パワーによる除霊は、本当の意味での憑依霊の救いにはならない。追い払うだけでは、未来永劫《みらいえいごう》の霊の救いとはならないからだ。御神霊と一体になった和歌、長歌のなかに憑依霊の宿命《しゅくめい》や霊界の法則を詠い込み、霊を真実悔悟させ、はじめて霊自身の想念《そうねん》の転換《てんかん》ができ、その結果、素晴らしい霊界へと送ることができるのである。

心霊写真《しんれいしゃしん》――よい神仏《しんぶつ》の場合

Q

同封した写真は、今年のゴールデンウィークに、熊野《くまの》の那智大社《なちたいしゃ》と本宮《ほんぐう》大社《たいしゃ》を参拝《さんぱい》したときに写したものです。那智の滝と本宮大社の写真の左側に、霧状の白い物が写っていますが、これは心霊《しんれい》写真でしょうか。／写真同封

――（三重県津市　Ｋ・Ｙ、十七歳／男）

深見●私が写真を撮ると、この写真のようにオレンジとか黄色になったりしますが、これは神気が凝結《ぎょうけつ》しているときに起こる現象です。神様は言葉がありませんから、写真に写ることで、

「お祈りしたことを聞いたよ」

と、私たち人間にメッセージを伝えているのです。熊野にはしっかりした神様がいらっしゃいますから、この写真は神様の神気が凝結した心霊写真①に間違いあ

りません。

ただし、実際は、神様自身がメッセージを発するようなことはなく、龍神様とか天狗様、白蛇といった神様の眷属《けんぞく》（親族・一族）が神様の意思を代行して返事をしているのです。特に熊野とか箱根神社、諏訪大社《すわたいしゃ》、三輪大社《みわたいしゃ》といった官幣社《かんぺいしゃ②》では、昔から霊地《れいち》と言われる場所で御祈願をする前後に撮った写真の場合、そうした意味のあることが多いのです。

パートナー●本宮大社のほうはさほどでもないのですが、那智の滝の所が半分近く真っ白に写ってます。これは、パワーがそこでスパークした状態と考えてよろしいのですか？

深見●そうです。では、なぜスパークするかといえば、K・Yさんは熊野の神様に御祈願したことがきっとあると思いますが、

「叶《かな》いますよ」

「聞き届けましたよ」

というメッセージなのです。

《用語解説》

①**心霊写真**《しんれいしゃしん》……亡くなってしまった人など、人間の視覚《しかく》では見ることのできない超自然的存《ちょうしぜんてきそん》在《ざい》をとらえた写真。霊魂《れいこん》が普遍的に存在することを示す例として、しばしば引き合いに出される。心霊写真が注目されるようになったのは、一八六一年以来、アメリカのボストンに住むウィリアム・エッチ・マムラーという宝石加工《かこう》業者が、心霊写真師《しんれいしゃしんし》として有名になったのがきっかけである。彼が写真を撮ると、亡くなった近親者《きんしんしゃ》が一緒に写るというのである。

②**官幣社**《かんぺいしゃ》……「官幣《かんぺい》」とは、昔、神祇官《じんぎかん》（太政官《だじょうかん》と並ぶ格式の高い官庁で、全国の官立神社を統括《とうかつ》）から新年祭・月次祭《つきなみのまつり》・新嘗祭《にいなめさい》（天皇がその年の新穀を初めて天地の神々に捧げる宮中儀式）のとき、格式の高い神社に捧げた幣帛《へいはく》（供物など神に捧げるものの総称）で、官幣社は、それを奉った格式の高い神社。国幣社《こくへいしゃ》の上に位し、大社・中社・小社および別格《べっかく》官幣社の区別があった。

索引

深見東州氏の活動についてのお問い合わせは、下記までお願いいたします。
また、無料パンフレット(郵送料も無料)が請求できます。ご利用ください。

お問い合わせ　フリーダイヤル
0120 - 50 - 7837

◎ワールドメイト総本部
〒410-2393
静岡県伊豆の国市立花3-162
TEL 0558-76-1060

東京本部	TEL 03-6861-3755
関西本部	TEL 0797-31-5662
札幌	TEL 011-864-9522
仙台	TEL 022-722-8671
千葉	TEL 043-201-6131
東京(新宿)	TEL 03-5321-6861
横浜	TEL 045-261-5440
名古屋	TEL 052-973-9078
岐阜	TEL 058-212-3061
大阪(心斎橋)	TEL 06-6241-8113
大阪(森の宮)	TEL 06-6966-9818
高松	TEL 087-831-4131
福岡	TEL 092-474-0208
熊本	TEL 096-213-3386

(平成26年6月現在)

◎ホームページ
http://www.worldmate.or.jp

携帯電話からの資料請求はこちら

戸渡阿見《ととあみ》オペラ団主宰。劇団・東州主宰。その他、茶道師範、華道師範、書道教授者。高校生国際美術展実行委員長。現代日本書家協会顧問。社団法人日本デザイン文化協会評議員。社団法人日本ペンクラブ会員。現代俳句協会会員。

カンボジア王国国王より、コマンドール友好勲章、ならびにロイヤル・モニサラポン大十字勲章受章。またカンボジア政府より、モニサラポン・テポドン最高勲章、ならびにソワタラ勲章大勲位受章。ラオス政府より開発勲章受章。中国合唱事業特別貢献賞。西オーストラリア州芸術文化功労賞受賞。西オーストラリア州州都パース市、及びスワン市の名誉市民（「the keys to the City of Perth」、「the keys to the City of Swan」）。紺綬褒章受章。

西洋と東洋のあらゆる音楽や舞台芸術に精通し、世界中で多くの作品を発表、「現代のルネッサンスマン」と海外のマスコミなどで評される。声明の大家（故）天納傳中大僧正に師事、天台座主（天台宗総本山、比叡山延暦寺住職）の許可のもと在家得度、法名「東州」。臨済宗東福寺派管長の（故）福島慶道師に認められ、居士名「大岳」。ワールドメイト・リーダー。170万部を突破した『強運』をはじめ、人生論、経営論、文化論、宗教論、書画集、俳句集、小説、詩集など、文庫本を入れると著作は270冊以上に及び、7カ国語に訳され出版されている。その他、ラジオ、TVのパーソナリティーとしても知られ、多くのレギュラー実績がある。

(140430)

深見東州（ふかみ とうしゅう）

本名、半田晴久。別名 戸《と》渡《と》阿《あ》見《み》。1951年生まれ。同志社大学経済学部卒業。武蔵野音楽大学特修科（マスタークラス）声楽専攻卒業。西オーストラリア州立エディスコーエン大学芸術学部大学院修了。創造芸術学修士（MA）。中国国立清華大学美術学院美術学学科博士課程修了。文学博士（Ph.D）。中国国立浙江大学大学院中文学部博士課程修了。文学博士（Ph.D）。カンボジア大学総長、政治学部教授。東南アジアテレビ局解説委員長、東南アジア英字新聞論説委員長。中国国立浙江工商大学日本文化研究所教授。有明教育芸術短期大学教授（声楽担当）。ジュリアード音楽院名誉人文学博士、オックスフォード大学名誉フェローなど。カンボジア王国政府顧問（首相と副首相に次ぐ、上級大臣）、ならびに首相顧問。在福岡カンボジア王国名誉領事。アジア・エコノミック・フォーラム ファウンダー（創始者）、議長。クリントン財団のパートナー。ネルソン・マンデラ・チルドレンズ・ファンドの名誉顧問。ならびに、ネルソン・マンデラ・チルドレン・ホスピタル総裁。オペラ・オーストラリア名誉総裁。世界宗教対話開発協会（WFDD）理事、アジア宗教対話開発協会（AFDD）会長。

中国国家一級声楽家、中国国家一級美術師、中国国家二級京劇俳優に認定。宝生流能楽師。社団法人能楽協会会員。IFAC・宝生東州会会主。「東京大薪能」主催者代表。

よく分かる霊界常識

平成二十六年四月三十日　初版第一刷発行
平成二十六年六月三十日　初版第二刷発行

著　者　東州イグアナ
発行人　本郷健太
発行所　株式会社　たちばな出版
〒167-0053
東京都杉並区西荻南二丁目二〇番九号
たちばな出版ビル
電話　〇三-五九四一-二三四一（代）
FAX　〇三-五九四一-二三四八
ホームページ　http://www.tachibana-inc.co.jp/

印刷・製本　萩原印刷株式会社

ISBN978-4-8133-2519-2